KB062247

회사에서 인정받는 말하기 수업

성공을 부르는 7가지 스피치 코칭

회사에서 인정받는
말하기 수업

임유정 지음

Good Job

원앤원북스

누구에게나 인정받는
말하기를 위하여

"우리 말인데 왜 이렇게 표현하기 어렵죠?"

말하기, 즉 스피치를 배우기 위해 오는 교육생들이 자주 하는 말이다. 한국에서 태어나 자라고 교육을 받았는데도 우리말을 제대로 전달하기가 참 쉽지 않다.

유튜버나 라이브커머스를 준비하는 사람들, 그리고 코로나19 이후 부쩍 경쟁이 심해진 입찰 프레젠테이션을 잘하기 위해, 발표 불안에서 벗어나 자신감 있게 말하기 위해, 기존 능력에 말하기 스펙을 쌓기 위해 스피치 학원을 찾는 사람들이 많다.

어떻게 하면 말을 잘할 수 있을까? 정답은 하나다. 1인칭 주인공 시점이 아닌 2인칭 시점으로 생각을 하는 것이다. 말을 잘하는 사람들은 철저히 상대가 원하는 말을 한다.

말을 잘하는 사람들은 생각이 다르다. 자신보다 청자를 먼저 생각한다. 말하기를 시작할 때 '무슨 말을 해야 하지?'가 아닌 '상대방이 원하는 말이 무엇일까?' '상대가 궁금해하는 것은 뭐지?'에 맞춰 자기 말을 설계하는 것이다.

스피치는 리듬이다. 말할 때 청자가 어떤 지식과 생각, 감정을 가졌는지 그 리듬을 잘 파악하는 사람은 비즈니스에서 성공할 수밖에 없다.

이 책은 청자가 가진 마음의 주파수 리듬을 찾는 데 확실한 기준이 되어줄 것이다. 딱 한 권으로 말하기 훈련을 끝내고 싶은 사람들에게 추천한다.

스피치의 3대 구성 요소인 ① 논리적으로 말하기, ② 전달력 있는 목소리 트레이닝, ③ 설득력 있는 보디랭귀지를 모두 이 책에 기술해놓았다.

말하기를 업으로 삼은 지도 벌써 20여 년이라는 시간이 지났다. 아나운서와 쇼핑호스트 생활, 그리고 ㈜라온제나 스피치학원 대표로 하루 6시간 이상 코칭한 모든 노하우를 이 책에 고스란히 담았다. 이 책을 통해 말하기에 대한 고민은 훌훌 털어버리고 여러분의 인생에만 집중할 수 있었으면 좋겠다.

임유정

| 차례 |

지은이의 말 _ 누구에게나 인정받는 말하기를 위하여   4

PART 1 말하기가 회사 생활의 운명을 가른다

CHAPTER 1 성공하는 리더의 첫 번째 조건은 말하기다   16

리더의 말이 회사의 이미지가 된다 | 스피치의 달인들을 부러워만 말자

CHAPTER 2 성공적인 스피치를 하기 위한 3가지 조건   24

신뢰감 있는 보디랭귀지를 갖춰라 | 좋은 목소리를 갖춰라 | 스피치에 탄탄한 논
리를 갖춰라

CHAPTER 3 말하기에 관한 5가지 불편한 진실   50

불편한 진실① 학원에 다니면 스피치를 잘한다? | 불편한 진실② 스피치는 막 하
면 된다? | 불편한 진실③ 스피치는 타고나야 한다? | 불편한 진실④ 스피치, 차
라리 안 하는 게 낫다? | 불편한 진실⑤ 대중 스피치와 대화의 차이

PART 2 7가지 플롯으로 퍼블릭 스피치에 성공하라

CHAPTER 4 보이스 플롯_안정적이고 힘 있는 목소리를 위한 3가지 조건   72

'3S'가 들어 있는 목소리가 듣기 좋다 | 부정확한 발음부터 잡아라 | 발성을 위해
복식호흡을 연습하라 | 말의 체력인 호흡을 길러라

CHAPTER 5 리듬 스피치 플롯_리듬으로 스피치에 생명력을 불어넣어라   92

노래 부르듯 말에 리듬을 넣어보자 | 리듬 스피치를 하면 좋은 점들 | 리듬 스피치
를 하기 위한 SAS 법칙 | 힘 있고 강한 목소리! 스타카토를 넣어라

남자 연예인 목소리 분석   108

CHAPTER 6 보디랭귀지 플롯_제스처, 청중들을 집중시킨다   114

적절한 움직임으로 청중의 눈에 자극을 준다 | 청중에게 제대로 인사하는 방법 |
마이크를 잡는 자세도 중요하다 | 말할 때의 자세, 이렇게 하면 된다

CHAPTER 7 O-B-C 플롯_논리적인 스피치를 하라   128

오프닝에서 관심을 끌어야 한다 | 오프닝에서 연사의 공신력을 제고하라 | 본론에
반드시 들어가야 할 것들 | 결론에서는 감동을 줘야 한다

CHAPTER 8 에피소드 플롯_다양한 에피소드로 스토리텔링하라   148

공감대를 형성할 수 있는 에피소드 | 전문성에 관련된 에피소드 | 힘들었지만 극복
해낸 에피소드 | 소신이나 철학과 관련된 에피소드 | 낯설지 않은 시즌성 에피소드

CHAPTER 9 명언 플롯_명언으로 스피치에 깊이를 더하라   164

추임새를 넣어주고 명언을 말해보자 | 내가 한 말도 명언이 될 수 있다

CHAPTER 10 비유 플롯_비유로 생생한 스피치를 전달하라   172

모양 비유, 이렇게 해보자 | 성격 비유, 이렇게 하자

PART 3 이럴 땐 이렇게! 7가지 플롯의 실전 응용법

CHAPTER 11 자기소개 시 첫인상을 좌우하는 7초   186

자기소개의 PER 법칙을 기억하라 | 자기소개 스피치를 할 때 필요한 멘트

CHAPTER 12 건배사를 할 때 기억해야 할 TEC 법칙   208

T(Thank you): 고마움부터 표시하기 | E(Episode): 에피소드 넣기 | C(Cheers): 힘차게 선창하고 후창하라 | 건배사를 할 때 주의할 점

CHAPTER 13 사람들의 기억에 남는 축사를 하는 방법   226

기억에 남는 축사의 조건 | 축사를 할 때 TIMC 법칙을 기억하라

CHAPTER 14 청중과 호흡할 수 있는 강연의 기술   236

청중과 호흡할 수 있는 오프닝 기술_질문 | 청중과 호흡할 수 있는 오프닝 기술_에피소드 | 설명체가 아닌 대화체로 강연하라

CHAPTER 15 세련된 프레젠테이션을 위한 5가지 조건   250

자료 수집과 청중 분석이 먼저다 | O-B-C라는 논리적인 구조 틀을 마련하라 | 말 안에 반드시 '이득'을 넣어라 | 친절한 리드멘트가 설득력을 높인다 | 쉽게 말하는 것이 중요하다

CHAPTER 16 행사 사회 진행 시 기억해야 할 4가지   274

행사 성격에 맞는 오프닝을 해야 한다 | 내빈 소개가 중요하다 | 반드시 추임새 멘트를 해야 한다 | 행사 중의 돌발 상황을 예측하라

CHAPTER 17 미디어 트레이닝, 인터뷰 스피치 사용설명서   290

각 매체의 특성부터 잘 이해하라 | 인터뷰어인 기자의 의도를 미리 파악하라 | 과격한 답변은 피해야 한다 | 인터뷰를 거절하는 것도 신경 써야 한다

부록 _ 회사에 인정받기 위한 말하기 평가표   302

PART 1

말하기가
회사 생활의
운명을 가른다

매일 똑같은 말만 되풀이하는 상사가 있다. 마치 기계에 녹음해서 틀어놓는 것처럼 매일 똑같은 말을 되풀이한다. 왜 같은 말만 되풀이할까 생각해보니 이유는 딱 한 가지였다. 인풋(In-put)이 없으니 아웃풋(Out-put)도 없는 것이다. 머릿속을 새로운 것으로 채우지 않으니 기존에 있는 내용만 되풀이한다. 만약 이 리더가 인풋을 채워 매번 회의나 회식, 모임에서 새로운 말을 한다면 더 많은 사람에게 영향력을 끼칠 수 있지 않을까? 회사에서 리더가 된다는 것은 역할 분담을 통해 다른 사람과 협의하고 함께 일해야 하는 위치에 오른다는 것을 의미한다. 아무리 잘난 사람이라도 혼자 일하면 50%의 결과물밖에 나오지 않는다. 그래서 리더는 좋은 결과물이 나올 수 있도록 직원들에게 동기를 부여해 회사가 원하는 방향으로 이끌어야 한다.

스와치그룹의 창립자이자 스위스 시계 사업의 산증인인 니콜라스 하이에크는 "훌륭한 리더란 비판을 할 때조차도 모두에게 사랑받으며 사람들이

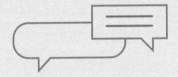

스스로 사기를 고취하도록 만드는 사람이다."라고 말했다. 리더의 말 한마디로 직원들의 사기를 고취시키고 싶은가? 동기를 부여하고 싶은가? 그럼 제대로 된 스피치를 배워 사람의 마음을 얻을 수 있는 스피커가 되자.

CHAPTER 1

성공하는 리더의
첫 번째 조건은
말하기다

• • •

회사의 이미지를 대표하는 CEO와 임원들의 말하기는 더욱 중요하다.
리더의 입에서 나오는 말 한마디가 이미지가 되기 때문이다.

"회사의 운명이 걸린 프레젠테이션입니다. 제 운명
또한 이 PT에 걸려 있습니다."

얼굴에 잔뜩 긴장과 두려움을 안고 한 기업 임원이 라온제나 스
피치를 찾아왔다. 그분의 얼굴과 말에는 절박함이 묻어났다. 회사
에서 새로운 공사 수주를 앞두고 있는데, 만약 이 계약을 따내지
못하면 가뜩이나 안 좋은 회사의 경영 상태가 더 나빠져 돌이킬 수
없는 나락으로 떨어질 것이라고 했다.

그 임원분은 공대 출신이었다. 예전에는 공대 출신은 연구만 하
면 그만이었고, 연구 발표는 경영부서의 직원이나 전문 프레젠터
가 담당했었다. 하지만 이제는 아니다. 직접 연구와 공사를 진행할
책임자가 공사 수주 PT(Presentation)를 해야 하기 때문에 연구 실력
못지않게 발표 실력도 중요해졌다.

'말이 실력이 된 세상'이다. 요즘 스피치 현장에서 많은 교육생을 만나면서 부쩍 느낀다. 내 안에 아무리 많은 능력과 열정이 있더라도 그것을 말로 표현하고 검증받지 못하면 사람들은 알지 못하고, 애써 알려고 하지도 않는다. 현대 경영학의 거장 피터 드러커는 "인간의 중요한 능력 중 하나는 자기표현 능력이며, 경영이나 관리에서 중요한 것이 바로 커뮤니케이션이다."라고 말했다. 그렇다. 우리는 대부분의 자기표현과 다른 사람과의 커뮤니케이션을 '말'로 한다.

■ ■ ■ 리더의 말이 회사의 이미지가 된다

예전에 기업체 임원들을 대상으로 스피치 강의를 한 적이 있다. 그때 임원들에게 "지금 당장 댁에 계신 사모님들에게 문자로 '사랑한다~'고 보내보세요. 그럼 사모님들이 어떤 답변을 보내실지 기다려볼까요?"라고 말했다. 그랬더니 총인원 30여 명 가운데 15명 정도 되는 분들에게 답장 문자가 왔다.

답장의 내용은 다양했다. "당신 미쳤어?" "당신 낮술 한 거야?" "당신 바람났지?"부터 "난 아니야." "강사가 시켰지?!" 등 가지각색이었다. 전체 답장 문자 가운데 "나도 당신을 정말 사랑해!"라는 답장은 단 두 명뿐이었다. 평소에 얼마나 아내에게 사랑을 표현하지 않았으면 이런 문자가 왔을까 싶어 안타까웠다.

우리는 오감을 통해 감정을 표현하는 것에 익숙해져야 한다. 눈을 마주치고, 손을 만져보면서, 입으로 말하고, 나의 향기를 상대가 느낄 수 있도록 안아주고, 같이 자주 밥을 먹으며 사랑을 표현해야 한다. 하지만 우리는 그런 스피치에 너무 인색하다. "매일 보는 사람인데 새삼스럽게 뭘…" "그걸 꼭 말로 해야 아나?" "쑥스러워서 그런 말을 어떻게 해?" 절대 아니다. 사람은 말로 감정을 표현해야 한다. 말로 표현하지 않으면 모른다. 특히 회사의 이미지를 대표하는 CEO와 임원들의 말하기는 더욱 중요하다. 리더의 말이 곧 회사의 이미지가 되기 때문이다.

얼마 전의 일이다. 매출 10억 원대의 기업을 운영하는 CEO들이 함께하는 조찬 모임에 참석할 기회가 있었다. 다들 바쁜 분들인데 그날 강의를 한 강사가 시간을 너무 늦게까지 끄는 바람에 어느새 시간이 9시를 향하고 있었다. 다들 마음속으로 '빨리 끝내고 회사에 출근해야지!'라는 생각뿐인 것 같았다. 하지만 새로 모임에 입회한 분들의 자기소개 시간이 있었기 때문에 자리를 뜰 수가 없었다.

결국 한 분씩 나와 자기소개를 하는 것을 듣고 있었다. 대부분은 시간이 지체됐음을 알고 짧게 인사와 직함, 이름을 말하고 자리에 들어가 앉았다. 그런데 한 기업의 CEO분이 자신이 어떤 사업을 하고 있고, 사업을 하다가 망해서 어떻게 다시 일어났으며, 현재 어떤 어려움에 봉착해 있는지를 20여 분 넘게 말하고 있는 것이 아닌가?

그 CEO분이 자기소개를 하는 동안 마음이 급한 어떤 분들은 계속 시계만 쳐다보며 빨리 스피치가 끝나길 기다렸다. 하지만 그분은 끝내 자신의 이야기를 A부터 Z까지 모두 말한 채 "오늘은 시간이 없으니 이 정도로 끝내겠습니다."라며 자리로 돌아갔다. 사람들은 한숨을 쉬며 재빨리 자리에서 일어났다.

난 그 모습을 지켜보며 '리더는 그 기업을 대표하는 이미지인데 센스가 부족해 보이는 저 리더가 이끄는 기업의 분위기는 어떨까?' 하는 생각을 했다. 단순히 연설을 길게 했다는 게 문제가 아니라 센스의 문제인 것이다. 과연 그런 CEO 밑에서 일하고 있는 직원들은 행복할까? 그 기업은 잘 돌아가고 있을까?

'이미지 메이킹'이 대세인 지 오래다. 한 기업의 이미지를 대표하는 리더라면 헤어스타일과 나에게 맞는 컬러를 찾아야 하고, 패션 코디법 등 자신의 이미지를 개선하기 위해 여러 이미지 메이킹 훈련이 필요하다. 하지만 이미지 메이킹 훈련을 받으면 뭘 하는가? 아무리 멋진 슈트를 입고 온몸을 명품으로 휘감아도 그 사람의 입에서 나오는 말이 '명품'이 아니라면 누가 그 사람을 신뢰하겠는가? 패션 스타일보다 스피치 스타일이 몇 배나 더 중요하다. 그렇다면 스피치를 잘하는 리더는 과연 얼마나 될까?

리더에게 무엇보다 중요한 것은 스피치다. 스피치가 정말 중요하다. 윗자리로 올라갈수록 중요하다. 즉 사원에서 대리로, 대리에서 과장으로, 부장으로 임원으로 올라갈수록 말이다. 이에 비례해서 연봉도 커지기 마련이다. 그만큼 CEO가 스피치를 할 때는 막중한 책임이 뒤따른다.

■ ■ ■　스피치의 달인들을 부러워만 말자

　　　　　건설회사, 설계회사, 영업회사는 '입찰'이라는 과정을 통해 사업을 수주하게 된다. 한마디로 '말빨'이 없어서는 사업을 영위해나갈 수 없다는 말이다. 그래서인지 너도나도 '스피치'를 배워야겠다는 '스피치 열풍'이 불고 있다. 애플의 CEO 고(故) 스티브 잡스처럼, 미국의 대통령 버락 오바마처럼, 마이크로소프트의 빌 게이츠처럼 말하는 법이 시중에 책으로 많이 나와 있다. 그런데 문제는 아무리 유명한 사람의 스피치 책을 읽어도 좀처럼 내 스피치 실력은 달라지지 않는다는 것이다. 책을 읽을 때는 당장이라도 유창하게 스피치를 할 수 있을 것 같은데 말이다.

　난 아직도 말하는 것이 많이 떨리고 두렵고 불안하다. 그래서 가능하면 스피치를 하는 기회를 피하고 싶다. '괜히 총대를 했다가 모든 것을 망쳐버리는 것은 아닐까? 차라리 회사에서 인정받아 임원으로 승진하지 못하더라도 그냥 나보다 잘난 사람들 그늘에 숨어 정년까지 살아남는 것이 낫지 않을까?'라는 생각도 든다. 그런데 내가 그런 생각을 하는 사이에 다른 누군가는 두려움을 이겨내고 성취를 한다.

남들의 성취를 언제까지 지켜보고 있을 것인가? 언제까지 부러워만 하고 있을 것인가? 스피치는 '기술+마음'으로 되어 있다. 기술은 매뉴얼이 있으니 익히기만 하면 되고, 그 기술에 마음을 담기만 하면 된다. 나 자신을 믿는 '자신감'과 청중을 향한 '애정', 이 2가지면 된다. 이제 가만히 앉아 스피치를 잘하는 다른 누군가를 부러워만 하고 있지 말자. 말 잘하는 사람이 그렇게 많다는 것은 나도 훈련하면 된다는 증거가 아닐까?

■ ■ ■

무언가를 '잘한다'는 것은 전문가들이 말하는 틀 안에서 자유로워질 때 얻을 수 있는 평가다. 춤을 잘 춘다고 생각하는 사람들 가운데 일명 '막춤'을 잘 추는 경우를 많이 볼 수 있다. 스피치도 마찬가지다. '말을 잘한다는 것'과 '잘 말하는 것'은 엄연히 다르다. 물론 말을 잘할 수 있도록 타고난 사람이 있지만, 이런 사람이 꼭 잘 말할 수 있는 것은 아니다.

단순히 막힘없이 술술 말을 잘한다고 해서 '잘 말하는 것'은 아니다. 전문가들이 말하는 틀 안에서 잘 말할 수 있도록 후천적인 학습과 노력을 통해 자신의 스피치를 점검해야 한다. 타고난 자신의 말솜씨를 과신하기보다는 훈련과 학습을 통해 전문가의 틀을 만들어가야 한다. 그런 사람의 스피치가 훨씬 더 담백하고 정갈하게 느껴질 때가 많다. 이제 우리도 스피치 훈련을 통해 '잘 말하는 것'에 도전해보자.

 체크 포인트

- 내 안에 많은 능력과 열정이 있더라도 그것을 말로 검증하지 않으면 사람들은 알지 못하고 애써 알려고 하지도 않는다.
- 리더의 말이 회사의 이미지가 되기 때문에 CEO와 임원들의 말하기는 더욱 중요하다.
- 스피치는 '기술+마음'이다. 기술은 매뉴얼이 있으니 익히기만 하면 되고, 그다음은 그 기술에 마음을 담으면 된다.

CHAPTER 2

성공적인
스피치를 하기 위한
3가지 조건

• • •

미국의 커뮤니케이션 학자 앨버트 메라비언은 말을 할 때 보디랭귀지, 보이스,
논리를 갖추면 '스피치를 잘한다'는 느낌을 상대방에게 줄 수 있다고 했다.

"말을 잘해야 성공한다." "성공한 사람들은 말을 잘한다." 과연 이 두 말 중에 무엇이 맞을까? 마치 '닭이 먼저냐, 달걀이 먼저냐?'처럼 정말 어떤 것이 먼저일지 고민이 된다. 그런데 이 닭과 달걀에 대한 고민은 연구로 밝혀졌다. 2010년에 영국 셰필드 대학 연구팀의 연구 결과, 달걀이 만들어지려면 닭의 난소에 존재하는 특정한 단백질이 있어야 한다는 사실이 입증되었다. 즉 닭이 없으면 달걀은 만들어질 수 없으니 닭이 먼저라는 것이다.

스피치에 관한 앞의 2가지 말도 누군가 연구를 해서 딱 정해주면 좋으련만…. 정말 어느 것이 먼저일까? 한참을 생각해봤다. 9년 동안 아나운서와 쇼핑호스트 생활을 하고, 라온제나 스피치 아카데미에서 교육을 하고 있는 나도 여간 고민이 되는 말이 아니다. 그래도 그동안 스피치 현장에서 일해본 경험을 토대로 말하자면 나는 '말 잘하는 사람이 성공한다.'에 표를 던지겠다. 말 잘하는 사람이 성공했기 때문에 성공한 사람들은 말을 잘하는 것이다. 그럼 어떻게 해야 말을 잘하게 될까?

미국의 커뮤니케이션 학자 앨버트 메라비언은 다음의 3가지를 잘하면 '스피치를 잘한다'는 느낌을 상대방에게 줄 수 있다는 연구를 발표했다.

상대방에게 스피치를 잘한다는 느낌을 주는 첫 번째 요인은 바로 보디랭귀지다. 보디랭귀지는 신체의 언어, 침묵의 언어라서 키니식스(Kinesics)라 부르기도 한다. 보통 말을 하는 사람의 눈빛과 미소, 자세, 제스처만 봐도 이 사람이 스피치에 자신감이 있는지 없는지를 알 수 있다고 한다. 그래서 보디랭귀지가 전체의 55%를 차지하는 것이다.

상대방에게 스피치를 잘한다는 느낌을 주는 두 번째 요인은 보이스다. 보이스는 전체에서 38%를 차지했다. 리더 가운데 목소리가 좋지 않은 분들이 많다. 나이가 들면서 목소리가 허스키해져서 쉿소리가 나는 분, 목소리가 지나치게 작거나 큰 분도 있다. 또는 목소리의 리듬(말투) 자체가 날카롭고 강한 분, 목소리 리듬이 너무 일자톤으로 이루어져 지루하게 들리는 분 등 다양하다. 또한 말투 자체가 성의 없게 들려서 열정적이지 않아 보이는 사람은 청중의 이목을 끌기 어렵다.

마지막으로 세 번째 요인은 논리로, 전체의 7%였다. 논리란 누군가에게 말을 할 때 '서론 - 본론 - 결론'에 입각해 짜임새 있는 구조로 말하는 것이다. 그 구조 안에 사람들의 기억 속에 남는 에피소드를 잘 배열해 넣으면 좋은 스피치라고 본 것이다.

■■■ 신뢰감 있는 보디랭귀지를 갖춰라

예전에 우리나라를 대표하는 ○○전자의 부사장님과 스피치 코칭을 실시한 적이 있었다. 부사장님이 서울 디지털 포럼 연사로 선정됐는데, TV 촬영까지 예정되어 있어 프로페셔널하게 PT를 하고 싶어했기 때문이었다.

누구든 스피치를 코칭할 때 가장 중요한 것은 바로 자신을 객관화하는 것이다. 스피치를 할 때의 객관화는 내가 어떤 모습으로 발표하는지에 대해 옆에서 말을 듣는 것보다는 직접 자신의 모습을 카메라에 담아서 봐야 한다. 그래야 훨씬 더 자신의 문제점을 잘 파악할 수 있다.

예전에 연말을 맞아 노래를 부를 일이 많아 보컬 학원에 등록해 다닌 적이 있었다. 나는 굉장히 노래를 잘 부르는 것은 아니지만 어디 가서 노래를 못해 망신당할 정도는 아니라고 생각했다. 그래서 보컬 선생님 앞에서 내 식대로 열심히 노래를 불렀다. 그런데 보컬 선생님이 나에게 "왜 이렇게 가사 발음이 부정확해요!"라고 하는 것이 아닌가? 9년 동안 아나운서와 쇼핑호스트를 하고 책까지 낸 내가 발음이 부정확하다니?

충격적이기도 하고 화가 나기도 했다. 그래서 더욱 발음을 정확히 해서 노래를 불렀다. 그런데 내가 그러면 그럴수록 보컬 선생님은 더 한숨을 푹 쉬시는 것이 아닌가? 더 이상은 안 되겠다며 선생님이 녹음된 내 노래를 들려주셨다. 그런데 이게 웬일인가? 내가 〈뮤지컬〉이라는 노래의 "내 삶을 그냥 내버려 둬!"라는 가사를 부를 때 발음을 "내 삺을 그냥 내버려 둬!"라고 부르는 것이 아닌가? '삶'자에 이중모음을 넣어 발음을 하고 있었다.

이렇듯 자신의 모습을 객관화해서 생각하기는 쉽지 않다. 그래도 스피치를 성공적으로 잘하기 위해서는 발표하는 자신의 모습을 카메라에 찍어 모니터링해보는 연습이 필요하다. 그래서 난 ○○전자의 부사장님께 5분 정도만 카메라 앞에서 발표해달라고 부탁했다. 그랬더니 역시 문제점이 눈에 보이기 시작했다. 부사장님은 스피치를 할 때 단상 뒤에서 몸을 전혀 드러내지 않은 채 움직임 없는 팔의 제스처와 긴장한 눈빛과 무표정한 얼굴 등을 보였다. 벌써 보디랭귀지에서 '나 지금 엄청나게 긴장했어요.'라는 것이 여실히 드러나는 것이 아닌가?

스피치 경험이 없을수록 보디랭귀지에 인색하다. 누가 꽁꽁 싸맨 것도 아닌데 거의 경직된 자세로 팔과 발의 움직임이 없는 것이다. 이런 자세로 처음부터 끝까지 그 자리에서 시작해 끝내는 경우가 많다. 하지만 이렇게 되면 몸의 움직임이 없어 사람들의 시선은 금세 다른 곳으로 흘러가게 된다.

반대로 스피치를 전문으로 하는 사람들은 청중들의 시선을 끌수 있는 보디랭귀지를 처음부터 적극적으로 사용한다. 거의 말을 시작함과 동시에 보디랭귀지를 한다. 이 모습은 굉장히 자연스러우면서도 자신감 있어 보인다.

○○전자 부사장님 또한 처음에는 경직된 자세의 보디랭귀지로 시작해 끝까지 팔 움직임 하나 없이 PT를 마무리하셨다. 딱 한 번 보디랭귀지의 변화가 있었는데, 그나마 단상에 두 팔을 올려놓은 다음 끝까지 단상에 기대 스피치를 하는 정도였다. 사실 스피치를 할 때는 단상에 팔을 올려놓아서는 안 되지만 말이다. 그래서 부사장님과 내용에 따라 어떻게 보디랭귀지를 할 것인지 정해놓은 다음 스피치를 해봤다. 그러니 훨씬 더 자연스러운 PT가 완성되었다. 오프닝 부분에 적절한 보디랭귀지를 넣어 PT에 활력을 불어넣으니, 중간 이후부터는 굳이 따로 약속을 하지 않아도 자연스러운 보디랭귀지가 흘러나왔다.

오랫동안 TED 식의 스피치 스타일도 인기를 얻었다. 1984년에 창립된 TED(Technology, Entertainment, Design)는 미국의 비영리 재단으로 정기적으로 강연회를 개최하고 있다. 빌 클린턴, 앨 고어 등 유명 인사와 노벨상 수상자들이 강연을 한다. 이들의 스피치를 보고 있노라면 무대 위에서 한 편의 연극을 하듯 자유롭다.

단상 뒤에 숨어서 뻣뻣한 자세로 하는 스피치의 시대는 끝났다. 이제 보디랭귀지를 적극 활용한 스피치의 시대다. 보디랭귀지는 학문적으로 침묵의 언어라는 의미인 키니식스라고 불린다. 키니식스는 손짓이나 몸짓, 표정 등 직접적인 신체 동작으로 의사나 감정을 전달하는 행위를 말한다. 미국의 인류학자 레이 버드위스텔은 키니식스를 사람과 사람 사이의 비언어적 커뮤니케이션의 시각적 측면에 관해 연구하는 학문이라고 정의했다.

앞에서 말했듯이 메라비언의 법칙에 따르면 보디랭귀지는 스피치의 구성 요소 가운데 55%를 차지했다. 무려 반 이상이 넘는 큰 부분을 차지하는 것이다. 하지만 우리는 앞에 나가 내 머리부터 발끝까지 청중에게 모두 보이는 것이 너무 부담스럽다. 어떤 사람들은 제스처를 하는 것이 너무 긴장되어 팔이 아예 없었으면 좋겠다고 말하기도 한다. 그럼에도 불구하고 성공적인 스피치를 하기 위해서 반드시 거쳐야 하는 것이 바로 보디랭귀지다.

보디랭귀지를 하면 사람들을 집중시킬 수 있다. 아무리 좋아하는 연예인이 큰 화면에 계속 나오더라도 정지된 얼굴만 계속 나오면 지루한 것처럼, 몸을 조금씩 움직이면서 말해야 다양하게 표현할 수 있다. 그래야 청중의 이목을 집중시킬 수 있다.

또한 보디랭귀지는 말하는 사람의 긴장을 풀 수 있는 좋은 무기가 된다. 스피치를 할 때 너무 떨리고 두려워 앞에 나와 말하는 것이 싫다고 말하는 사람들이 많지 않은가? 생각이 굳으면 말이 굳고, 말이 굳으면 몸이 굳는다. 또 몸이 굳으면 말이 굳고 또 생각도 굳는다. 하지만 몸을 전체적으로 움직이면서 말하면 몸의 긴장도가 떨어져 시간이 지나면 자연스럽게 생각을 말로 전달할 수 있게 된다.

보디랭귀지는 말의 논리 이해도를 높이기도 한다. 예를 들어 김연아가 평창 동계 올림픽 유치를 위한 프레젠테이션에서 〈선덕여왕〉에서 미실이 했던 "하늘의 뜻이 조금 필요합니다."라며 했던 제스처를 따라 한 것이 그렇다. "조금 떨립니다."라고 하며, '조금'이라는 부분에 엄지와 검지를 이용해 제스처를 했기 때문에 더욱 그 느낌을 청중에게 잘 전달할 수 있었다.

■ ■ ■ 　좋은 목소리를 갖춰라

"왜 기업의 CEO와 임원들은 말을 할 때 목소리를 작게 하는 건가요?"

평소 정말 궁금했던 부분이었다. 왜 높은 자리에 올라가면 올라갈수록 말을 할 때 목소리가 작아지고, 열정 없이 말을 하는지 정말 궁금했다. 그래서 모임에서 만난 대기업 ○○사의 사장님께 질문을 했다.

"그건 목소리를 작게 해도, 성의 없이 말을 해도 사람들이 내 말에 집중하기 때문입니다."

이 말을 듣고 '아, 그래서 리더 위치에 있는 분들의 목소리가 그렇게 작았던 거구나.'라고 납득했다. 하지만 리더들이 직원 앞에서만 말을 하는 것은 아니지 않은가? 자신보다 더 높은 위치에 있는 리더들과 대화를 할 수도 있고, 언론과 인터뷰를 할 수도 있고, 대중을 상대로 강연을 할 수도 있지 않은가? 이럴 때도 직원들과 말을 할 때처럼 목소리를 작게 해야 할까? 만약 그런다면 일반 사람들은 과연 내가 하는 말을 제대로 들어줄까?

내가 입으로 말을 한다고 해서 그게 온전한 말인 것은 아니다. 상대방의 귀에 들리게끔 말해주는 것이 중요하다. 마치 상대방의 귀에 단어와 문장을 던지듯이 쏙쏙 넣어줘야 한다.

"외모는 톰 크루즈처럼 멋있는데, 왜 이렇게 목소리가 작은 거야?" 호텔에서 열린 한 여성경제단체 조찬 모임에 참석한 적이 있었다. 그날은 독일 B 수입차의 간부들이 대거 한국을 방문해 여성 CEO들 앞에서 강의했다. 먼저 B사의 독일 인사 총괄 사장이 나와 스피치를 했다. 훤칠한 키와 외모에 처음에는 모인 사람들이 스피치에 집중하는 듯했다. 하지만 시간이 지날수록 이내 지루한 듯 조금씩 두리번거리고 휴대전화를 만지작거리며 집중을 못하는 것이었다. 나 역시도 경청하려고 노력했지만 자꾸 다른 생각이 드는 것은 어쩔 수 없었다.

이렇게 인사 총괄 사장의 스피치가 끝난 후 다음에는 여 부사장의 스피치가 이어졌다. 그런데 웬일인가? 밝은 얼굴, 자연스러운 제스처, 강약을 실은 리듬감, 여기에 재미있는 유머 표현까지 담은 스피치를 구사하는 것이 아닌가? 한시도 눈을 뗄 수 없는 멋진 스피치였다. 그 스피치를 보면서 속으로 이런 생각이 들었다. '저 남자 사장님, 자리가 조만간 위태롭겠군.'

나는 개인적으로 이어령 박사님의 목소리를 좋아한다. 그 연세에도 호기심이 가득한 살아 있는 목소리이기 때문이다. 모르는 사람들에게 들려주고 싶을 정도로 동기부여가 가득한 목소리다. 이어령 박사님의 목소리를 듣고 있다 보면 내 안에 없던 에너지가 생긴다. 하지만 대부분 사람의 목소리는 나의 에너지를 뺏는 것에 가깝다. 그럼 과연 퍼블릭 스피치를 하기에 좋은 목소리는 어떤 목소리일까?

퍼블릭 스피치를 하기 좋은 첫 번째 목소리는 '공명'인 울림이 들어가 있는 목소리다. 사람들은 공명하는 목소리를 좋아한다. 공명 목소리는 일단 편하게 들린다. 잔잔한 하울링이 들어가 있기 때문이다. 이 하울링이 청중에게 신뢰감을 느끼게 해준다. 이런 목소리는 먼저 내 마음의 울림을 넣어 상대방의 마음을 울리는 것이기 때문에 목소리 자체에 믿음이 들어가 있다.

게다가 잘 들리기까지 한다. 공명은 파동이 길기 때문에 상대방의 귓속에 미끄러지듯 소리가 굴러 들어가게 된다. 마치 우리가 화장실에서 말을 할 때 내 목소리가 좋게 들리는 것처럼 말이다. 하지만 대부분의 사람은 날카로운 목소리를 갖고 있다.

퍼블릭 스피치를 하기에 좋은 두 번째 목소리는 하모닉스(Harmonics)가 넓은 목소리다. 하모닉스는 저음·중음·고음으로 나누어져 있는데, 음폭이 넓으면 넓을수록 훨씬 더 많은 울림이 있기 때문에 편안하게 잘 들린다.

퍼블릭 스피치를 하기 좋은 세 번째 목소리는 동그란 목소리다. 좋은 목소리의 기본은 동그라미다. 그럼 어떤 목소리가 동그란 목소리일까?

어느 날 모 기업에서 임원으로 있는 분이 나를 찾아왔다. 온화한 얼굴에 밝은 미소, 딱 봐도 호감을 주는 이미지 그 자체였다. 자연스럽게 왜 찾아오셨냐고 물었다. 그랬더니 다음과 같이 하소연을 하신다. "직원들과의 대화가 정말 어렵습니다. 저는 친근하게 말하려고 노력하는데 부하 직원들은 도통 마음의 문을 열지 않아요. 얼마 전에 다른 동기 임원한테 들으니 직원들이 저를 무서워한다고 하네요. 직원들이 왜 그런 말을 하는지 모르겠어요."

그렇게 한참을 그분과 대화를 나누다가 물었다. "혹시 직원들을 나무랄 때 큰 목소리로 호통치지는 않으신가요?" "아닙니다. 제가 얼마나 부드럽게 말하는데요? 저는 호통이란 걸 모릅니다." 정말 이해가 되지 않았다.

사실 수업을 할 때도 별다른 특이점을 발견하지 못했다. 그렇게 시간이 흐르다 '도대체 뭐가 문제지?'라는 생각이 들 때쯤 증거(?)

를 잡았다. 그분과 수업을 하던 중 직원에게 전화가 왔는데, 갑자기 목소리가 돌변하더니 공격적인 말투로 상대방을 대하는 것이 아닌가? 바로 자리에서 일어나 그분이 직원과 나누는 대화를 녹화했다. 나중에 전화 통화가 끝난 뒤 녹화한 장면을 양해를 구한 뒤 보여드렸다. 그분은 비디오를 보고 나서 한동안 말을 잇지 못하다가 간신히 말문을 여셨다.

"제가 왜 이렇게 공격적으로 변한 걸까요?"

목소리는 그 사람의 역사다. 열심히 산 사람에게는 열정이, 여유 있게 산 사람에게는 여유로움이, 날카롭게 산 사람들에게는 날카로움이 목소리에 들어가기 마련이다. 그런데 문제는 자신의 목소리가 어떤 형태를 띠고 있는지 다른 사람은 아는데 자기 자신만 모른다는 것이다.

목소리에도 형태가 있고 제스처가 있다. 목소리는 무형(無形)의 신호가 아닌 엄연히 형태가 있는 유형(有形)의 신호다. 유형의 목소리 제스처가 날카롭다면 부드럽게 만들어야 한다. 목소리의 제스처가 너무 냉정하다면 따뜻하게 만들어야 한다. 이제라도 자신의 목소리를 알고, 바꾸려는 의지가 있는 게 어딘가? 바꿔야 할 필요성을 느끼는 것이 어딘가?

상대방을 배려하지 않는 목소리는 날카롭다. 소리 자체가 동그랗게 표현이 되지 않는 것이다. 목소리를 속사포처럼 던져버리는 것이 아니라 동그랗게 밀어내야 한다. 목소리가 동그랗게 처음 나갈 때는 자신 있게 들린다. 그런데 단어의 마지막이 자연스럽게 안으로 말아지면서 들어오면 겸손하고 따뜻하게 들린다. "이번 프로젝트 이번 주까지야. 이번 주 안으로 반드시 끝내야 해."라는 말을 할 때 날카롭게 날려버리는 느낌과 동그랗게 말아 전달하는 느낌은 확연히 다르다.

얼마 전에 한 여가수가 "전 잘생긴 남자보다는 목소리 좋은 남자가 더 좋아요."라고 인터뷰한 신문기사를 읽은 적이 있었다. 그 기사 아래 달린 많은 댓글 가운데 '나도 목소리 좋은 남자가 좋다.'라는 답변이 자주 보였는데, 정말 '목소리가 사람에게 전달하는 이미지가 강력하다'는 것을 다시 한번 느꼈다. 그렇다면 왜 사람들은 목소리 좋은 사람을 좋아하는 걸까?

목소리는 그 사람의 내면을 알 수 있는 하나의 신호(Signal)다. 어떤 사람을 처음 만났을 때 '이 사람은 어떤 사람이지?' '이 사람이 나를 속이면 어떻게 하지?' '이 사람은 진실된 사람일까?'와 같은 고민을 하게 된다. 특히 비즈니스로 만나는 사람에게 처음부터 내 마음을 다 보여주기에는 너무나 위험한 상황이 많다.

물론 겉모습으로 이 사람이 어떤 사람인지 알 수도 있다. 하지만 요즘은 비주얼을 강조하다 보니 잘 가꾼 패션 스타일과 헤어스타일 때문에 상대방을 정확히 알기 어려워졌다. 그렇지만 목소리는 다르다. 목소리는 '마음'에서 나온다. 마음이 쫓기면 목소리도 쫓긴다. 마음이 차가우면 목소리도 차갑다. 마음이 떠 있으면 목소리도 뜨게 되어 있다.

많은 사람 앞에 나와 긴장하면서 말하는 사람들의 목소리는 안정감이 없고, 평소에 내는 톤보다 한 톤 더 올려 말하는 경우가 많다. 마음이 불안하고 긴장되니 목소리도 그런 것이다. 마음이 급한 사람들은 말의 속도가 빨라 혼자 말하는 경우가 많다. 상대방을 배려하지 않는 사람의 목소리는 칼처럼 날카롭다. 이렇듯 목소리를 통해 그 사람의 내면을 알 수 있다.

■ ■ ■ 스피치에 탄탄한 논리를 갖춰라

메라비언의 법칙의 마지막은 논리를 갖추라는 것이다. 논리는 전체 스피치에서 7%에 불과하지만 사실 논리적인 뒷받침 없이 자신감 있는 목소리와 보디랭귀지가 나오기란 쉽지 않다. 보통 스피치는 크게 2가지로 구성되어 있다. 첫째는 메시지, 둘째는 그 메시지를 전달하는 메신저다. 같은 메시지를 누가 말하는가에 따라 그 결과가 달라진다.

메신저에 대한 예를 들어보자. 엄마가 "야! 방 좀 치워라. 귀신 나오겠다. 그렇게 해서 공부가 되겠니?"라고 말한다. 그런데 이 말을 몰래 짝사랑하는 대학생 과외 누나가 한다면? "어머, 이 방 너무 지저분하다. 냄새도 나고 청소 좀 해야겠어!"라고 말이다. 그러면 말이 끝나자마자 바로 청소할 것이다. 어쩌면 아예 이런 말이 나오기 전에 미리 청소를 해놓고 과외 누나를 맞이할지도 모르겠다.

스피치는 사람이 하는 것이다. 메시지를 만드는 것도 중요하지만 메시지를 전달하는 메신저는 더 중요하다. 매력 있는 사람이 말하느냐 매력 없는 사람이 말하느냐는 하늘과 땅 차이다.

쉽게 말하라

논리적으로 말한다는 것은 첫 번째 '쉽게 말하는 것'이다. 사람들은 프레젠테이션을 할 때 이해하기 어려운 어휘를 많이 사용해, 듣는 이로 하여금 스피치에 집중하지 못하게 하는 경우가 많다. '어려운 용어를 많이 써야 유식해 보이겠지?' '쉽게 말하는 것이 더 어려워. 그냥 대충 말해야지. 나도 이해한 내용인데 다른 사람들도 금방 이해할 수 있을 거야.'라고 생각하는 것이다. 그래서 우리는 주변에서 어려운 단어를 마구 써가며 발표하는 모습을 쉽게 볼 수 있다.

> **예 나쁜 예**
>
> 50년간 안정적인 사업을 영위해온 라온제나 기업은 독점적 지위를 누렸던 병뚜껑 시장의 완전 개방과 웰빙 트렌드에 따른 식품 이물질 관련 법규 강화, 경쟁사의 적극적인 시장 대응으로 인해 경영 전반에 지대한 영향을 끼쳐 혁신이 필요한 상황입니다.

앞의 예시 문장에는 너무 많은 단어가 들어가 있다. 세계적인 컨설팅 회사 맥킨지는 잘 들리는 말을 하기 위해서는 문장 안에 주요 키워드가 3개 이상을 넘지 않아야 한다고 했다. 그런데 예시 문장에는 영위, 독점적 지위, 시장 완전 개방, 웰빙 트렌드, 식품 이물질, 법규 강화, 시장 대응, 지대한 영향, 혁신 등 8개 이상의 단어가 있다. 한 번에 이해하기 힘든 단어들이 너무 많이 들어 있는 것이다. 이러면 말을 듣긴 들었으나 무슨 내용인지 머릿속에 잘 들어오지 않는다. 만약 이 말을 다음과 같이 바꿔서 PT를 해보면 어떨까?

예 좋은 예

> 현재 라온제나 기업에는 경영혁신이 필요합니다. 라온제나 기업은 지난 50년간 병뚜껑 산업에서 독점적인 지위를 누려왔습니다. 하지만 최근 병뚜껑 시장이 완전히 개방됐고, 또한 정부에서 식품 이물질 관련 법규를 강화하고 있어 경영이 어려운 상황입니다. 더불어 경쟁사들이 시장에 새로운 제품을 내놓고 있어 더욱더 경영혁신이 필요합니다.

청중들이 이해하기 쉽게 말하고 싶다면, 내가 이 PT에서 말하고 싶은 내용이 무엇인지 먼저 생각해보는 것이 중요하다. 또한 내가 말하고자 하는 결론을 미리 던지고 말하는 것이 중요하다. PT에서 말하고자 하는 핵심 메시지를 먼저 생각하고 던지는 것이다. 앞의 예시 문장의 PT에서 말하고 싶은 메시지는 "현재 라온제나 기업에는 경영혁신이 필요하다."이다. 먼저 이 말을 던지고 나머지를 풀고 다시 한번 내가 말하고자 하는 설득 메시지로 마무리하는 것이다.

이렇게 말하는 것을 '샌드위치 화법' 또는 '햄버거 법칙'이라고 한다. 맨 아래에 빵이 있고, 그 위에 다양한 채소와 고기가 있고, 다시 한번 위에 빵이 있는 햄버거 같은 것이다. 우리가 말하고자 하는 핵심 메시지를 먼저 말하고, 그다음에 근거를 풀고, 다시 핵심 메시지로 말을 끝내보자.

또한 쉽게 말한다는 것은 문장을 너무 길게 끌고 가지 않는다는 것이다. 내 주장에 대한 근거를 말할 때는 조금 길게 배열해도 괜찮지만, 주장은 짧게 끊어가는 것이 중요하다.

처음 아나운서로 입사했을 때 선배들이 내게 했던 말이 기억난다. "시청자를 중학교 학력 수준으로 생각하라." 이 말은 시청자를 존중하지 말라는 말이 절대 아니다. 다양한 학력의 시청자들을 배려해 중학생이 이해할 수 있는 정도의 쉬운 말로 전달하라는 것이다. PT도 쉬운 말로 전달해야 청중들이 내 말 듣기를 중간에 포기하지 않을 것이다.

구체적인 에피소드를 넣어 말하라

논리적으로 말한다는 것은 두 번째 구체적인 에피소드를 넣어 말한다는 것이다. 말을 추상적으로만 하면 그 말이 무슨 내용인지 머릿속에 잘 들어오지 않는다. 그래서 사람들은 이 추상적인 말이 논리적 구조가 약하다고 생각한다. 예를 들어보자.

"내가 얼마 전에 자전거를 탄 아이를 칭찬했거든? 그런데 그 아이, 칭찬받으니까 엄청나게 잘 타더라?"

만약 이렇게만 말한다면 기억에도 남지 않고 '도대체 무슨 말을 하고 싶어서 이 말을 꺼냈나?'라는 생각이 들 것이다. 그런데 만약 다음과 같이 말한다면 어떨까?

"내가 얼마 전에 칭찬의 힘이 얼마나 대단한지 깨닫게 된 일이 있었거든? 동네를 걸어가고 있었는데, 어떤 초등학교 4학년 정도 된 아이가 자전거를 처음 배웠는지 무서워하면서 내리막길을 가고 있는 거야. 그래서 내가 '와, 정말 자전거 잘 탄다!'라고 칭찬해줬더니, 갑자기 내리막길에서 자전거 페달을 밟으며 자신감 있게 내려가더라고. '칭찬은 고래도 춤추게 한다.'더니 정말 칭찬은 자전거도 잘 타게 하나 봐." 이렇게 그 상황을 구체적으로 말한다면 논리적으로 짜임새 있게 잘 말한다고 생각할 것이다.

모임에서 자기소개를 할 때도 마찬가지다. "안녕하세요. 반갑습니다. 앞으로 잘 부탁드립니다." 이렇게 말하기보다는 다음과 같이 말해보자.

예 안녕하세요. 효녀 가수 현숙을 닮은 임유정입니다. (웃음) 얼마 전에 제가 가수 현숙 씨를 닮았다는 말을 누가 하더라고요. 정말 닮았나요? 저는 그 말을 듣고 정말 기분 좋았습니다. 제가 굉장히 편안하면서도 효심이 강한 사람으로 보였다는 거니까요. 여러분! 누군가와 만나 시간을 나누고 마음을 나눈다는 것은 정말 행복한 일이 아닐까 싶습니다. 서로의 것을 나눌 수 있는 좋은 인연을 앞으로 맺어갔으면 좋겠습니다. 감사합니다.

앞의 예시처럼 자기소개를 할 때도 구체적인 에피소드를 넣어 말한다면 훨씬 더 사람들의 머릿속에 각인될 것이다. 이렇게 에피소드를 넣어 말할 때 중요한 것은 내가 말하기 편한 에피소드를 선택해 말하는 것이다. 나도 잘 모르는 에피소드를 넣어 말하게 되면, 잘 알지 못해 그만큼 실패할 가능성도 커진다. 내가 생각하는 가장 쉽게 잘 말할 수 있는 에피소드는 바로 경험담 에피소드다. 몸으로 경험한 에피소드야말로 내 마음을 제일 잘 표현할 수 있기 때문이다.

경험담 에피소드를 말할 때는 몇 가지 주의할 점이 있다. 최근에 경험한 내용이어야 하고, 스스로도 에피소드가 가치 있다고 생각해야 한다. 또한 에피소드를 경험했던 그때로 돌아가 그 느낌 그대로 표현해야 하며, 뜬금없이 에피소드만 말하기보다 반드시 에피소드와 가치를 연결해 '에피소드+가치'의 공식을 완성해야 한다. 앞의 예처럼 자전거 타기 관련 에피소드를 뜬금없이 말하는 것이 아니라, "칭찬의 힘은 정말 대단해!"라는 가치를 에피소드와 연결해 넣어야 하는 것이다. 그래야 내가 말하고자 하는 메시지가 바로 전달될 수 있다.

회사에서 중요한 프레젠테이션이 있다. 그럼 PT를 할 때 탑다운(Top-down; 일반적인 것에서 세부적인 사항으로 진행) 방식으로 할 것인지 바텀업(Bottom-up; 세부적인 것부터 진행하는 방식) 방식으로 할 것인지를 먼저 생각해야 한다.

내가 잘 알고 있는 주제라면 탑다운 방식이 좋다. 예를 들어 우리 회사의 2022년 비전에 대한 신년사를 준비한다고 생각해보자. 그러면 내가 작년 한 해 '내년에는 이 작업들을 좀 했으면 좋겠어.'라고 생각했던 것을 떠올려 먼저 주제를 설정한 다음 말할 거리, 즉 에피소드를 모으면 된다.

그런데 만약 주제가 정해지지 않았고 내가 잘 모르는 내용에 대해 새로 연구해서 스피치를 하는 경우라면, 먼저 에피소드를 모은 다음 이를 통해 주제를 유추하면 된다. PT 주제가 '2022년 경쟁사 분석'이라면 일단 주제를 먼저 정하지 말고 2022년 경쟁사 분석을 해본 다음 주제를 도출해내는 것이다.

O-B-C를 지키며 말하라

논리적으로 말한다는 것의 마지막은 'O-B-C'를 지키며 말하는 것이다. O는 Opening, 즉 서론이다. 우리는 PT 같은 대중 스피치를 할 때 다짜고짜 본론부터 말하는 경우가 많다. 예를 들면 다음과 같은 식이다.

예 나쁜 예

오늘 발표를 맡은 임유정입니다. 발표를 시작하겠습니다. 먼저 이
발표를 하게 된 배경입니다.

앞의 나쁜 예처럼 바로 본론으로 들어갈 경우 청중과 처음 만
나는 어색함과 긴장감을 깨는 아이스 브레이킹(Ice breaking)을 하
지 못하게 된다. 그러면 어색하게 발표를 시작해 어색하게 끝내게
된다.

청중은 발표도 발표지만 말하는 연사에 대해 궁금해한다. 물론
주인공은 내가 할 PT의 내용이지만, 사람들은 PT를 준비한 연사에
대해서도 궁금해하는 것이다. 그러므로 연사가 서론에 적절하게
자기를 노출하면서 공간에 흐르는 긴장감을 먼저 깨줘야 한다.

예 좋은 예

안녕하십니까. 반갑습니다. 오늘 병원 프로그램에 대해 발표할 임
유정입니다. 여러분, 제가 얼마 전에 감기에 걸려 병원에 간 적이
있었습니다. 그런데 환자가 별로 없는 시간이었음에도 불구하고
너무나 분주하게 움직이는 직원들을 보며 참 의아했습니다. 더군
다나 제 기존 자료가 병원 프로그램에 잘 뜨지 않아 대기하는 시
간이 길어졌습니다. 물론 다른 환자들도 그런 경우가 많았습니다.
이것을 보고 '아! 깔끔하게 정리된 병원 전산 프로그램이 정말 중

요하구나.'라는 생각이 들었습니다. 그래서 오늘 저는 저희 ○○기술의 '스마트 전산 프로그램'에 대해 소개해드리려고 합니다.

이렇게 서론에는 청중의 관심을 끌 수 있는 에피소드가 들어가야 한다.

그다음 본론인 B는 Body다. 본론에는 내용이 충실하게 잘 들어가 있어야 한다. 본론은 내가 말하고자 하는 핵심 메시지를 배치하는 곳이다. 서론에 관심을 얻었는데, 본론의 내용이 들을 만한 게 별로 없으면 사람들은 실망하게 된다. 그래서 본론의 내용은 '매직 3'을 활용하는 것이 좋다. 사람들은 3이라는 숫자를 좋아하는데 상·중·하, 처음·중간·끝, 가위·바위·보와 같이 이렇게 3가지로 나눠 말하는 것을 좋아한다.

예 나쁜 예

여러분, 요즘 우리의 출퇴근 시간이 조정되었죠. 각자 일하는 시간을 책상 앞머리에 써서 언제 출근하고 언제 퇴근하는지 근무시간을 적어 놓도록 하세요. 또 이제 여름휴가인데 직원들끼리 여름휴가가 너무 겹치지 않도록 자신들이 좋은 시간대를 팀장인 나에게 알려주고, 요즘 내부 실적이 너무 좋지 않아요. 왜 실적이 이렇게 떨어진 거죠? 얼마 전에 나온 자료를 보니까 경쟁사가 프로모션을 대규모로 진행해 그렇다고는 하는데 여러분의 생각은 어떤가요?

예 좋은 예

여러분, 오늘 회의는 크게 3가지 안건으로 진행하겠어요. 첫째는 근무시간입니다. 각자 출퇴근을 하는 시간을 책상 앞머리에 써주세요. 둘째는 여름휴가입니다. 서로 일정이 겹치지 않도록 여름휴가를 정해 내게 알려주세요. 마지막으로 셋째는 실적 저하 건인데요. 왜 이렇게 실적이 떨어진 거죠?

이렇게 본론을 말할 때 매직 3을 넣어 말하면 무슨 말을 했는지 훨씬 더 머릿속에 남게 된다. 그러므로 본론의 내용은 항상 매직 2 또는 매직 3으로 나눠 말하기를 생활화하는 것이 중요하다. 또 중요한 것은 2가지나 3가지를 말한다고 했으면 정말 그렇게 끝내야 한다는 것이다.

초등학교 시절 땡볕의 운동장에 학생들을 세워놓고 한참을 스피치를 하시던 교장 선생님을 기억하는가? 했던 말을 하고 또 하고, 한마디만 더 하고 끝낸다고 해놓고, "마지막으로, 마지막으로"를 연발했던 교장 선생님 말이다. 이 교장 선생님처럼 말을 해서는 안 된다.

마지막 C는 Closing, 즉 결론이다. 결론에서는 다시 한번 재정리를 하고 감동을 줄 수 있는 말로 끝내는 것이 좋다. 사람들은 마음이 움직여야 몸을 움직인다. 결론에서는 내 핵심 메시지가 왜 필요한지 감동적인 말로 마무리해 사람들의 몸을 움직이게 만들어야 한다.

"인간은 사회적 동물이다."라고 한 아리스토텔레스는 사람의 마음을 설득할 때는 로고스(Logos), 즉 이성보다는 파토스(Pathos), 즉 감성이 더욱 강력하게 작용한다고 했다. 사람을 설득하는 것은 이성이 아니라 '감성'이다. 한 치의 빈틈도 없이 이성적이고 합리적으로 말하는 사람들은 오히려 얄밉게 느껴지는 경우가 많다.

"이 대리, 우리 오늘 점심은 회사 옆에 개업한 김치찌개 집으로 가볼까?"

"부장님, 검증이 되지 않은 곳으로 가는 것은 너무 위험한 일이 아닐까요? 또 얼마 전에 TV를 보니까 일부 묵은지 김치찌개 집에서 중국산 김치를 사용한다고 나오더라고요. 더군다나 찌개의 염분이 960mg으로 보통 라면의 염분량과 비슷할 겁니다. 그러니 집에서 매일 먹는 김치찌개 대신에 건강에도 좋고 별미인 청국장으로 하면 어떨까요?"

이성적이고 합리적으로 생각한다면 김치찌개보다는 청국장이 몸에 더 좋을 수도 있다. 하지만 저 말을 들으니 왠지 기분이 나쁜 건 왜일까?

■ ■ ■

스피치를 잘한다는 것은 이성적이고 분석적인 의미도 포함한다. 그렇지만 사람은 기계가 아니다. 사람이 하는 일이기 때문에 '마음'

을 움직일 수 있는 설득 포인트를 넣어야 한다.

공사 입찰 프레젠테이션 심사를 해보면 참 신기한 일을 많이 경험하게 된다. 예를 들어 해당 입찰 프레젠테이션에 10개의 기업이 입찰한다고 하자. 그러면 다들 프레젠테이션 내용을 준비해오는데, 문제는 내용이 모두 똑같다는 것이다. 기업들은 그 나름대로 참신하고 독창적인 내용으로 준비해온다고 하지만, 결과적으로 보면 그 내용이 그 내용인 경우가 많다.

이럴 경우에 공사 수주에 많은 영향을 끼치는 것은 무엇일까? 그건 바로 '사람'이다. 좀 더 잘 들리게, 좀 더 친절하게, 좀 더 재미있게 PT를 하는 사람들이 있다. 이런 사람들이 심사하는 사람의 머릿속에 남아 선택에 큰 영향을 끼치게 된다.

스피치에서 메시지는 바로 '논리'다. 논리를 어려워하는 사람들이 많지만 걱정 마라. 우리가 하는 스피치의 대부분은 간단한 논리만으로도 논리에 대한 틀을 잡을 수 있기 때문이다. 논리란 사람의 관심을 이끌어 낼 수 있는 오프닝과 내용을 압축해주는 보디, 사람들에게 감동을 줄 수 있는 클로징 멘트, 이거면 충분하다. 여기에 한 가지를 더하자면 '내용이 서로 중복되거나 누락되지 않는다.'라는 원칙만 지키는 것이다. 이렇게 한다면 논리적인 틀에 맞춰 말할 수 있다.

사실 했던 말을 또 하고, 중요한 사항을 놓쳐서 말한다면 누가 논리적으로 말했다고 하겠는가? 논리는 '준비'에서 나온다. 즉흥적인 스피치에 논리가 있을 리 만무하다. 준비하고, 또 준비하는 과정을 거쳐 "아, 저 사람 말은 참 논리적이야."라는 말을 꼭 들어보자.

 체크 포인트

- 단상 뒤에 숨어서 하는 스피치의 시대는 끝났다. 이제 보디랭귀지를 적극 활용하는 스피치의 시대다.
- 유형의 신호인 목소리 제스처를 따듯하고 동그랗게 만들자. 이것이야말로 상대방을 배려하는 목소리다.
- 스피치에도 탄탄한 논리가 있어야 자신 있는 보디랭귀지와 상대방을 배려하는 목소리가 나온다.

CHAPTER 3

말하기에 관한
5가지
불편한 진실

• • •

스피치에 대한 편견과 핸디캡이 있는가? '나는 잘 말할 수 없다.'라고 생각하는가?
그런 편견을 깨는 것이야말로 스피치의 시작이다.

영화 〈킹스 스피치〉를 봤다. 제2차 세계대전 직전 전 세계의 위기 속에서 조지 6세가 왕위에 올랐다. 당시 라디오라는 뉴 미디어의 등장으로 대중은 자신들에게 힘이 되어줄 수 있는 왕의 목소리를 필요로 했다. 이 영화는 조지 6세가 말 더듬을 고치기 위해 라이오넬 로그라는 음성 전문 트레이너에게 교정을 받는 과정을 담고 있다.

이 영화를 보니 말을 심하게 더듬던 내가 했던 훈련들이 기억났다. 내가 이 세상에서 제일 듣기 싫은 말이 바로 "뭐라고? 천천히 좀 말해!"다. 이 말에 노이로제가 걸릴 정도로 정말 듣기가 싫었다. 그래서 더 천천히 정확하고 똑 부러지게 말하려고 노력했다. "안 되는 게 어딨니?"라는 말이 있다. 그렇다. 이 세상에 안 되는 건 없다. 스피치에 대한 핸디캡을 갖고 그대로 살 것인가? 아니면 지금이라도 내가 갖고 있는 스피치에 대한 편견을 없애고 새로운 스피치 인생을 살아갈 것인가?

무언가 부족해 결핍을 느껴 그것을 채우기 위해 노력하는 '헝그리 정신'만큼 대단한 것이 있을까? 풍족하고 잘되기만 하면 우리는 현재에 만족하는 경우가 많다. 하지만 무엇이 필요하다고 계속 느낀다면, 뭔가 변해야겠다는 신호를 감지했다면 이를 개선하려는 노력을 통해 바꿔나가야 한다. 공자의 『논어』에서 공자의 제자 중 한 명이 공부가 너무 하기 힘들다며 어떻게 하면 공부를 잘할 수 있냐고 물었다. 그러자 공자가 딱 한마디한다. "그렇게 고민할 시간에 공부하라."

우리는 스피치를 잘하고 싶다는 생각만 하지 그 스피치를 훈련하려고 하지는 않는다. 스피치를 잘해 성공하고 싶지만, 직장 내에서 앞에 나가 발표할 일만 생기면 '어떻게 피하지?'라는 생각을 하는 것처럼 말이다. 하지만 스피치도 훈련을 통해 잘할 수 있는 하나의 기술, 하나의 테크닉이다.

9년여 동안 아나운서와 쇼핑호스트 생활을 하고, 라온제나 스피치 아카데미에서 말하기 교육을 하면서 느낀 점이 있다. 사람들의 스피치에 대한 인식이 다음 2가지에서 벗어나지 못하고 있다는 것이다.

첫 번째 인식은 바로 '무시하기'다. "왜 스피치 학원에 다녀? 우리 말인데 그냥 하면 안 돼?" 이런 분들은 스피치 학원을 마치 말을 더 듣는 사람들, 너무나 소극적인 사람들만 다니는 곳으로 여기는 고정관념이 있다. 또 어떤 사람들은 지하철에서 소리를 크게 지르는 '웅변'을 스피치라고 떠올리기도 한다. 두 번째 인식은 '두려워하기'다. 경험이 없고 어떻게 준비해야 할지 몰라 스피치에 대한 두려움을 너무 크게 키우는 것이다. 사실 막상 발표하는 날이 되어 발표하려고 무대 위에 오르면 그렇게 떨리지 않는다. 다만 무대 위에 오르기 전까지 초긴장 상태가 되는 것이다.

이렇듯 우리는 너무 스피치를 모른다. 아니 무시한다. 한번 생각해보라. 과연 스피치가 우리가 무시할 정도로 내 인생에 필요가 없는 것일까?

■ ■ ■ 불편한 진실① 학원에 다니면 스피치를 잘한다?

요즘 스피치를 배우기 위해 스피치 학원을 찾는 리더들이 많다. 나 역시도 라온제나 스피치 아카데미를 운영하며 스피치 교육을 하고 있다. 스피치 아카데미는 크게 2가지 종류로 나뉜다.

첫 번째는 웅변식의 아카데미고, 두 번째는 바로 나처럼 아나운서와 쇼핑호스트를 했던 사람들이 교육하는 아카데미다. 이 두 종류의 아카데미는 각각의 장단점이 있다. 웅변식의 스피치 학원은 큰 소리를 통해 자신감을 갖는 훈련을 하는 곳이다. 하지만 우리가 말하는 스피치는 웅변이 아니기에 더욱 세심한 교육이 필요하다. 반면에 방송인 출신이 교육하는 아카데미는 보이스 트레이닝과 뉴스 리딩 등에 초점을 맞추지만, 역시 우리의 스피치는 뉴스 리딩이 전부가 아니다.

물론 누군가를 설득하려면 좋은 목소리는 꼭 갖춰야 한다. 하지만 목소리 하나로 스피치를 잘하게 되는 것도 아니고 뭘 어떻게 할 수 있는 것도 아니다. 다른 사람들과 공감할 수 있는 에피소드를 준비하는 것, 에피소드를 논리적으로 배열하는 것, 그리고 그것을 호감을 줄 수 있고 신뢰감 있는 목소리로 전달하는 것! 이런 것들이 있을 때 비로소 좋은 스피치라 할 수 있기 때문이다.

스피치 학원을 다니면 말에 대한 논리적인 틀과 목소리 트레이닝으로 한 단계 발전할 수는 있다. 그렇다고 스피치를 학원에서만 배울 수 있는 것이 아니다. 생활 속에서 나 자신을 점검할 수 있다. 다음의 3가지 점검사항을 통해 스피치를 향상시켜보자.

대화를 녹음하라

생활 속에서 평소 사람들과 나누는 대화를 녹음해보고, 그것을 들어보자. 그럼 '어머, 내 목소리가 이랬어?'라는 생각이 들 정도로 어색할 것이다. 하이톤의 음성 또는 너무 작은 목소리, 상대방을 배려하지 않는 말투 등 내 문제점들이 그대로 드러날 것이다.

거울이나 카메라 앞에서 시연하라

스피치 연습의 99%는 '객관화' 훈련이다. 사실 자신을 객관적으로 보기는 참 어렵다. 그래서 나 자신을 객관화할 수 있는 훈련을 하면 효과적이다. 우선 카메라 앞에서 내 모습을 한번 찍어보자. 그다음 찍은 것을 확인해보자. '와, 내가 지금까지 이렇게 스피치를 했다니…'라는 생각이 절로 들 것이다. 그러니 어색하더라도 카메라 앞에서 발표하는 모습을 처음부터 끝까지 찍어보자. 이렇게 연습하면 내가 발표하는 시간까지 정확히 나오니 얼마나 좋은가?

그런데 많은 사람이 이렇게 캠코더에 발표하는 모습을 찍어 확인하는 것을 귀찮아 한다. '이렇게까지 해야 해?'라고 생각할 수도 있다. 하지만 발표 당일 오돌오돌 떨다가 긴장해 발표를 망치는 것이 나은가, 아니면 조금 귀찮아도 연습을 해보는 것이 좋은가? 선택은 여러분의 몫이다.

스피치 잘하는 사람을 모델링하라

생활 속에서 스피치를 훈련하는 좋은 방법 중 하나가 바로 스피치를 잘하는 사람을 모델링하는 것, 즉 모방하는 것이다. 공병호 박사는 『10년 후, 한국』이라는 책에서 성공하는 사람에게 있는 능력 중 하나가 바로 이 모방 능력이라고 말했다. 물론 창조와 창의는 좋다. 하지만 이런 것들은 보통 사람들이 하기에는 너무 먼 이상일 수 있다. 스피치는 창조나 창의보다는 기술과 혼이 결합된 하나의 퍼포먼스라는 것을 알아두자.

여기서 기술은 법칙이 있다. 이 법칙을 활용해 스피치를 잘하는 사람들을 모방하는 것만으로도 충분히 자신감 있는 스피치를 할 수 있다. 물론 기술에 더해져야 하는 '혼'은 따라 할 수 없고, 따라 해서도 안 된다. 만약 누군가의 혼을 따라 한다면 그것은 내게 맞지 않은 옷을 입은 것처럼 어울리지 않는다. 기술은 모방해도 되지만 혼은 내 것을 지켜야 한다.

스피치를 잘하기 위해 꼭 학원에 가야 할 필요는 없다. 충분히 혼자만의 방법으로 훈련하고 연습하면 스피치를 잘할 수 있다.

■ ■ ■　불편한 진실② 스피치는 막 하면 된다?

정해진 프레임(Frame) 안에서 규칙을 지키며 자유롭게 한다는 것은 참 쉽지 않다. 라면 하나를 끓일 때도 그냥 끓이고 싶은 대로 끓이는 것이 아닌, 정해진 레시피 안에서 뭔가 나만의 비법을 녹여야 '임유정표 라면'이 완성된다. 하지만 비법이 있다고 해도 뭐든지 '정도'라는 것이 있고 '상식'이라는 것도 있는 법이다.

스피치도 마찬가지다. 스피치를 잘하는 사람들이 정해놓은 어떤 틀이 있다. 축구도 축구장에 가서 그냥 막 공을 차는 것은 아니지 않은가? 정해진 공간에서 정해진 규칙에 따라 공을 차는 것이 축구다. 마찬가지로 스피치도 정해진 하나의 틀이 있다.

어떤 사람들은 스피치를 너무 쉽게 생각해 그냥 막 하면 된다고 생각한다. 특히 말 좀 한다 하는 사람들 가운데 이렇게 생각하는 사람이 많다. 하지만 오히려 '나는 스피치 실력이 좀 부족해.'라고 생각하는 사람들의 스피치가 더욱 뛰어난 경우가 많다. 어느 날 어떤 강사분이 나를 찾아와 말했다.

"선생님, 우리 회사에는 저를 포함해 총 8명의 강사가 있습니다. 그런데 어떤 상사분이 제가 하는 강의를 보고 너무 못한다면서 타박하시는 거예요. 그래서 이렇게 배우러 왔습니다."

난 그분과 함께 강의안을 짜고 에피소드를 찾아내고 보이스 트레이닝을 하며 하나하나 수업 준비를 해나갔다. 그런데 웬일인가? 조금씩 수정을 해가니 정말 강의를 매끄럽게 잘하시는 것이 아닌가? 그분이 돌아가 강의를 한 후 내게 메일을 보냈다.

"선생님, 강의 스피치를 준비해보니 제가 그동안 뭘 잘했는지 뭘 못했는지를 한눈에 알게 됐어요. 또 하나 지난번에 제게 강의를 못한다 타박하셨던 분의 강의가 눈에 들어오더군요. 저는 지금 자신 있게 말할 수 있어요. 그분도 자신의 강의를 다시 한번 점검해야 한다는 것을요. 그냥 막 하는 것과 정해진 틀 안에서 잘하는 것은 다르다고 하신 말씀을 이제는 이해합니다."

어떤 CEO 모임에 참석한 리더가 있었다. 그분은 평소 말하기를 너무나 좋아하는 분이었다. 모임이 진행되는 2시간 동안 그분은 스피치계의 박지성이었다. 공격과 수비를 얼마나 잘하던지 혼자 북 치고 장구 치고, 다른 사람들에게 말할 기회를 하나도 주지 않았다. 했던 말을 또 하고 또 하고, "왕년에 내가 얼마나 잘나갔는 줄 아냐?"라며 자기 자랑을 늘어놓았다. 하지만 2시간 동안 스피치를 독식한 이 리더에게 누가 과연 "이분 참 말 잘한다."라는 칭찬을 할 수 있을까?

스피치를 잘한다는 것은 논리적인 틀 안에서 중복되고 누락되지 않게 말을 하는 것이다. 그냥 막 해서는 안 된다. 한 예능 프로그램에서 가수 박진영이 참가자들에게 그냥 "노래를 막 불러라."라고 하지 않는가? 그런데 이 말은 정말 그냥 막 부르라는 말이 절대 아니다. 무대에서 노래를 막 부르기 위해서는 기본 틀이 확고해야 그 안에서 재미있게 놀 수 있다.

이제 스피치도 막 하는 것이라고 생각하지 말자. 스피치를 재미있게 즐기기 위해서는 '기본'이 중요하다. 기본 다음에 활용이다.

■ ■ ■   **불편한 진실③ 스피치는 타고나야 한다?**

스피치는 기술이다. 기술을 익히는 데 가장 좋은 방법은 바로 '반복훈련'이다. 스피치는 한두 번의 연습과 경험으로는 되지 않는다. 남들이 자고 있을 때, 남들이 놀고 있을 때, 남들이 밥 먹고 있을 때 피눈물 나는 연습을 해야 스피치라는 기술을 익힐 수 있다. 반복해서 기술을 훈련하면 그것이 '직관'이 된다. 파울로 코엘료의 첫 산문집 『흐르는 강물처럼』에 이런 구절이 있다.

"활시위를 당기는 기술은 직관이 될 때까지 갈고 닦아야 한다. 활시위를 당길 준비를 하고 호흡을 고르고 눈으로 과녁을 응시하는 것은 기술이다. 하지만 활을 발사하는 순간은 직관이다."

스피치도 마찬가지다. 원고를 준비하고 거울을 보며 목소리와 보디랭귀지를 점검하는 것은 기술이다. 그렇지만 정작 무대에 올라 청중과 호흡하는 것은 '직관'이다. 기술은 준비이고 직관은 '능수능란함'이다.

처음 숟가락으로 밥을 떠먹을 때 어떻게 쥐고 어떤 각도로 떠먹어야 흘리지 않는지 하나하나 신경 써야 했을 것이다. 그렇지만 지금은 아무런 고민 없이 숟가락으로 밥을 먹을 수 있지 않은가? 스피치도 처음 도전할 때는 하나하나 신경을 써야 한다. 하지만 기술의 반복훈련을 통해 '직관'이 만들어진다면 전문적이면서도 세련된, 그리고 청중과 호흡하는 스피치를 할 수 있게 될 것이다.

"고기도 먹어본 사람이 잘 먹는다."라고 했다. 스피치도 마찬가지다. 천 번이고 만 번이고 무대 위에 올라 경험을 쌓아야 스피치를 잘할 수 있다. 자, 이제부터 얼굴에 철판을 깔아보자. 그다음 청중과 눈을 맞춰보자. 청중은 '스피치를 두려워하는 나'보다는 '자신감 있고 여유 있는 모습의 나'를 좋아한다. 스피치는 기술이다. 마치 노래를 부르는 것처럼, 춤을 추는 것처럼 기술을 익히면 충분히 잘할 수 있다.

■ ■ ■ 불편한 진실④ 스피치, 차라리 안 하는 게 낫다?

"원장님은 스피치를 할 때 안 떨리시죠?"

사람들이 내게 가장 많이 하는 질문 중 하나다. 많은 사람 앞에 나서는데 떨리지 않는 사람은 없다. 불로장생의 약이 없는 것처럼, 스피치를 할 때 떨리지 않게 해주는 약은 없다. 만약 스피치를 하는데 떨리지 않는다면 '잘하고 싶지 않아서' 그런 것이다. 사람들에게 인정받고 싶고 스피치를 성공시키고 싶은 생각이 있다면 누구나 다 떨린다. 그런데 이 떨리는 감정이 싫어서, 실패하기 싫어서 스피치를 피하는 사람들이 많다. 하지만 명심해야 한다. 피하기만 하면 신화를 만들 수 없다!

어느 날 문득 이런 생각이 들었다. '난 왜 다른 사람들의 신화만 부러워하고 있는 거지?' 어떤 사람이든 자신의 인생에서 스스로 신화를 만들 수 있다. 그렇지만 대부분은 신화를 만드는 역동적인 삶보다는 편안하고 안정적인 삶을 추구하려고 한다. 그 어떤 신화에도 '아침에 일어나 회사에 출근을 하고 점심을 먹고 퇴근한 다음 씻고 잤다.'라고 쓰인 것은 없다. 이런 것은 신화가 될 수 없다. 실패하고 깨지고 쓰러져야 진정한 신화가 만들어진다.

방송 생활을 마무리하고 스피치 아카데미를 여는 준비를 하면서 스피치 경험을 많이 쌓았다. 그때는 정말 명언 하나 넣어 말하는 것조차 어렵고 자신이 없었다. 그래서 그냥 대충 말하자고 생각한 적이 많았다. 하지만 생각해보라. 시도하지 않으면 잘할 수 있는 방법을 터득하지 못한다. "한 번도 실패하지 않았다는 것은 전혀 새로운 시도를 하지 않았다는 것이다."라는 배우 우디 앨런의 말처럼 새로운 시도를 통해 내 안의 틀을 깨야 한다.

20대에는 많이 깨지고 많이 실패한 것 같다. 그러다가 어느샌가 지금껏 이룬 것을 지키기 위해 새로운 것을 시도하기보다는 지키려고 노력했던 것 같다. 그러다가 10년 후 20년 후에도 지금과 똑같은 삶, 아니 더욱 후퇴하는 삶을 살 수 있다. 혹시 지금 앞에 나가서 스피치를 하다가 실패하는 사람을 보고 비웃고 있는가? 명심하라. 아무것도 하지 않은 나보다 지금 실패하고 있는 그 사람이 훨씬 낫다.

■ ■ ■ 불편한 진실⑤ 대중 스피치와 대화의 차이

대중 스피치, 즉 퍼블릭 스피치는 공식 석상의 스피치를 말한다. 엄연히 1 대 1로 이루어지는 맨투맨 스피치와 퍼블릭 스피치는 다르다. 그렇지만 비슷한 면도 많다. 사교 모임에서의 편한 옷차림과 공식 석상에서의 옷차림이 당연히 다르지만 기본적으로 깔끔한 옷을 입어야 한다는 것은 같다. 퍼블릭 스피치와 맨투맨 스피치도 마찬가지다.

간혹 맨투맨 스피치는 잘하지만 퍼블릭 스피치는 약한 분들이 있다. 반대로 퍼블릭 스피치는 잘하지만 맨투맨 스피치를 어려워하는 분들도 있다. 그렇다면 맨투맨 스피치와 퍼블릭 스피치의 다른 점은 무엇일까?

맨투맨 스피치와 퍼블릭 스피치의 가장 큰 차이점은 첫 번째 바로 '꼴'이 있다는 것이다. 퍼블릭 스피치는 격식에 맞춰야 하는 것이 강한 반면에 맨투맨 스피치는 격식에서 자유롭다. 예를 들어 친구랑 대화한다고 생각해보자. 물론 친구랑 대화를 한다고 해도 격식, 즉 어떠한 꼴은 필요하겠지만 굳이 '서론-본론-결론'을 나눠 말할 필요까지는 없다. 하지만 퍼블릭 스피치는 반드시 '서론-본론-결론'에 맞춰 스피치를 전개해야 한다.

맨투맨 스피치와 퍼블릭 스피치의 두 번째 차이점은 바로 '깡'이다. 공식 석상의 스피치는 청중을 압도할 수 있는 깡이 있어야 한다. 예전에 방송을 하던 시절에 "어떻게 하면 말을 잘할 수 있느냐?"라는 질문에 "상대방을 무시하면 된다."라고 답했던 기억이 있다. 물론 이 대답은 틀린 것이다. 청중을 무시하는 것이 아니라 존중해야 한다. 그런데 이 존중은 스피치에 대한 자신감이 있을 때 나와야 한다. 만약 스피치를 두려워하면서 청중에 대한 존중만 있으면 청중에게 끌려가게 된다. 그러므로 반드시 공식 석상의 스피치는 깡을 키워야 한다.

이 깡을 키우는 방법은 특별한 게 없다. 스피치를 할 때 작은 것이라도 성공체험을 하는 것이 비법이라면 비법이다. 깡은 외부에서 오지 않는다. 자신의 내부에 있는 에너지로 발현된다. 그렇기 때문에 중요한 스피치를 앞두고 있다면 작은 것이라도 성공체험을 하는 것이 도움이 된다.

또 하나는 예전의 성공체험을 떠올리는 것이다. 즉 '예전에 내가 이런 것도 했는데, 이걸 왜 못해?'라고 생각하는 것이다. "원장님은 떨리지 않으세요?"라는 말을 정말 많이 듣는다. 그럴 때마다 "불로장생의 약이 없듯 떨리지 않는 약은 없다."라고 말한다. 하지만 떨리는 것을 잠재울 수 있는 나만의 특효약은 있다. '보디랭귀지를 하라. 예전의 성공체험을 떠올려라. 청중을 껴안아라. 메시지에 집중하라. 최상의 컨디션을 유지하라.' 등이다.

퍼블릭 스피치는 '꿈'이 있어야 한다. 정확히 어떻게 잘하고 싶은지를 그리는 마인드 컨트롤이 중요하다. '스피치를 망칠 거야.'라는 상상보다는 스피치를 잘해 사람들에게 박수를 받는 자신을 꿈꾸는 것이 중요하다. 또한 무대 위에서 자유롭게 온몸으로 이야기하는 나 자신을 꿈꿔보자.

맨투맨 스피치와 퍼블릭 스피치의 마지막 차이점은 바로 '끼'가 있어야 한다는 것이다. 퍼블릭 스피치는 하나의 퍼포먼스다. 무대 위에서 펼쳐지는 하나의 극과 같다. 아나운서나 연예인들이 무대 위에만 오르면 빛이 나는 것처럼, 우리도 앉아 있는 모습과 무대 위의 모습이 같을 필요는 절대 없다. 자, 무대 위에서 우리 끼를 발산해보자!

■ ■ ■

미국의 베스트셀러 작가이자 경제학자인 토드 부크홀츠는 자신의 저서 『러쉬』에서 "행복은 휴식과 여유에서 오는 것이 아니라 경쟁을 통해 온다."라고 말했다. 태어날 때부터 '누가 먼저 뒤집나?'라는 경쟁, 학창 시절 1등부터 꼴찌까지 등수가 매겨지는 경쟁, 대입 시험 같은 각종 경쟁을 치르는 우리들로서는 단 하루만이라도 경쟁 없는 삶을 살고 싶다는 소망을 갖게 된다. 하지만 현실적으로 경쟁 없는 삶은 불가능하다. 아예 산속으로 들어가 칩거를 하지 않는 이상 말이다.

사회에 들어가면 더 많은 경쟁 상황에 놓이게 된다. 특히 회사에서 이루어지는 경쟁은 나 하나의 문제가 아니라 처와 자식의 안위가 연결되는 경쟁이라 더 치열할 수밖에 없다. 이제부터라도 남들과 경쟁할 때 맘껏 자신을 표출할 수 있는 총알을 장전해보자.

"방황을 해봐야 방향을 정할 수 있다."라는 말이 있다. 사실 스피치에 대한 편견을 갖고 있다는 것 자체가 어찌 보면 긍정적일 수 있다. 최소한 스피치를 훈련해야 한다는 생각은 하고 있다는 말일 테니 말이다. 지금까지 편견을 갖고 스피치에 대한 방황을 했다면, 이제 방향을 정해보자.

'내가 생각하는 나의 모습보다 실제 내 모습이 훨씬 강하다.'라는 생각을 자주 한다. 사람들은 자신이 얼마나 대단한지 얼마나 많은 에너지를 가졌는지 잘 알지 못한다. 나는 내가 생각하는 것보다 나은 사람이고 무엇이든 할 수 있는 사람이다. 이제 스피치에 대한 편견을 깨고 자신감 있는 스피치에 도전해보자.

> ### 💡 체크 포인트
>
> - 스피치는 단순히 학원을 다닌다고 잘하는 것이 아니라 일상생활에서 얼마나 연습하고 또 연습하냐에 달려 있다.
> - 스피치를 잘한다는 것은 논리적인 틀 안에서 중복되고 누락되지 않게 말하는 것이다.
> - 스피치를 실패한 사람을 보고 비웃고 있다면 명심하라. 아무것도 하지 않은 나보다 지금 실패하고 있는 그 사람이 훨씬 낫다.

PART 2

7가지 플롯으로
퍼블릭 스피치에
성공하라

"어휴, 지루해. 저 원장님은 말은 많이 하는데 도대체 귀에 들어오는 말이 없어. 제발 짧게 좀 말하지. 재미없는 말을 왜 저렇게 길게 하는 거야."

"저 대표님의 말을 들어보니 정말 배울 점이 많아. 어머, 벌써 시간이 이렇게 지나갔어?"

똑같은 10분을 이야기하지만 평가는 상당히 다르다. 이렇게 극과 극의 평가를 받을 수 있다는 사실이 참 놀랍기만 하다.

요즘 가장 흥미 있게 들었던 이야기 중 하나가 예전과 다른 부부관계에 관한 내용이다. "임 원장, 예전에는 남자가 여자를 사랑해야 부부가 이혼하지 않고 오래 잘 살았어. 하지만 요즘은 반대로 여자가 남자를 사랑해줘야 부부가 잘 살더라고, 왜 그런지 알아? 힘을 가진 자가 힘없는 자를 보살펴줘야 무슨 관계든 오래갈 수 있거든. 요즘은 여자들이 힘이 세져서 여자들이 남자를 아껴주지 않고 보살펴주지 않으면 안 돼." 이 말을 듣고 정말 많이 공감했다. 왜 그랬을까?

사람들은 누군가의 이야기를 일부러 시간을 내서 듣는 것을 정말 싫어한다.

자연스럽게 스피치 안으로 흡수되고 녹아들어가는 것을 좋아한다. 이렇게 사람을 집중시킬 수 있는 스피치를 하려면 청중에게 각인될 수 있는 스토리를 넣어야 한다. 이를 우리는 '스토리텔링한다.'라고 말한다.

누구나 스토리를 말할 수는 있다. 그렇다고 누구나 사람들의 머릿속에 착 달라붙을 정도로 기억될 수 있는 스토리를 말할 수 있는 것은 아니다. 사람들의 머릿속에 강하게 남는 스피치를 하려면 플롯(Plot)이라는 요소가 들어가야 한다.

플롯은 스토리를 더욱 짜임새 있게 해주는 것으로, 양념과 조미료 같은 역할을 한다. 예를 들어 "저기 남자가 있다."라는 말을 "저기 내 아버지와 비슷한 남자가 있다."로 바꿀 수 있다. 여기서 '내 아버지와 비슷한'이 플롯이 된다. 이렇게 단어와 문장에 생명력을 불어넣는 것을 플롯이라고 생각하면 된다.

자, 이제 한 번 듣고 오랫동안 기억에 남을 수 있는 스피치에 도전해보자. 7가지 플롯을 스피치할 때 활용하면 나도 맛깔나는 스피커가 될 수 있다.

CHAPTER 4

보이스 플롯_안정적이고 힘 있는 목소리를 위한 3가지 조건

• • •

좋은 발음은 목소리를 명료하게 들리게 해주며, 좋은 발성은 편안하면서
신뢰감 있게 들리고, 긴 호흡은 안정감 있게 말할 수 있도록 도와준다.

　　얼마 전 무역 회사 대표로 있는 분이 라온제나 아카데미를 방문했다. 깔끔하고 신사적인 외모에서 사장님의 풍채가 느껴졌다. 그런데 함께 대화를 나눠보니 목소리가 잠기고 허스키하면서 약간 쉰 듯한 느낌이 들었다. 그 사장님은 평소 앞에 나가서 발표하는 퍼블릭 스피치에는 자신감이 있었다. 하지만 직원들이나 다른 사장들과 대화하는 맨투맨 스피치에서는 목소리가 작고 힘이 없어 잘 안 들린다는 말을 많이 듣는다고 하셨다.

　　그래서 작은 목소리에 발성을 넣어 크게 만든 다음, 내용에 따라 악센트를 넣는 방법으로 교육했다. 쉰 목소리가 나오는 것은 자신의 목소리 톤을 찾지 못해서임을 음성분석기를 통해 파악하고, 사장님의 톤을 찾고 그 톤으로 말하는 연습을 했다. 그 결과 훨씬 더 안정적이고 힘 있는 목소리로 스피치를 할 수 있었다.

목소리는 그 사람의 내면을 알 수 있는 이미지다. 목소리 톤이 너무 높으면 말하는 사람도 함께 붕붕 떠다니는 느낌이 들고, 목소리 톤이 너무 차분하면 위압감을 준다. 목소리가 작으면 자신감이 없어 보이고 반대로 지나치게 크면 시끄러워 보인다. 사람들은 편안하면서도 안정적인, 그러면서도 발음이 정확히 들리는 목소리를 신뢰한다.

보이스 트레이닝을 통해 훈련하다 보면 목소리를 내는 기술만 좋아지는 것이 아니라 마음도 함께 좋아진다. 목소리에 한결 힘이 실리고 듣는 사람을 배려하게 되면 나도 모르게 좋은 마음을 갖게 되는 것이다.

■ ■ ■ '3S'가 들어 있는 목소리가 듣기 좋다

가장 듣기 좋은 목소리는 '3S'가 들어 있는 목소리라고 생각한다. 첫 번째 S는 'Slow', 천천히 내는 소리다. 사람들은 너무 빠르고 급하게 소리를 낸다. 중간에 쉼이 없다. 중간에 쉼이 있어야만 듣는 사람들이 말의 의미를 생각할 수 있다. 쉼이 없으면 사람들은 말의 내용을 따라가지 못해 어느 순간에는 따라가길 포기하게 된다.

예 **나쁜 예**

우리나라는 현재 의학전문복합건물이 필요한 상황이며, 저희는 미국의 휴스턴 메디컬 클러스터와 같은 유명한 의학전문단지를 조성할 계획입니다.

앞의 예시 문장은 거의 쉼이 없다. 이렇게 중간중간에 쉼을 주지 않으면 '의학'이라는 말이 끝나 생각하기도 전에 '전문'이라는 말이 밀어닥치게 된다. 또 여기에 '복합'이라는 말, '건물'이라는 말까지 추가로 빠르게 붙게 되면 전달력이 현저히 떨어지게 된다. 다음처럼 말해보자.

예 **좋은 예**

우리나라는 현재 의학전문복합건물이 필요합니다./ 저희는 미국의 휴스턴 메디컬 클러스터와 같은/ 유명한 의학전문단지를 조성할 계획입니다.

'/' 표시는 숨을 끊고 다시 들이마시라는 표시다. 물론 "저희는 미국의~조성할 계획입니다."까지 한숨으로 읽는 사람들도 있지만, 급하게 갈 필요 없다. 중간에 한 번 끊어서 읽으면 훨씬 더 안정적인 보이스를 낼 수 있다. 체크 기호는 단어 끊어 읽기 표시다. 또한 '의학전문복합건물'같이 단어가 4개나 붙어 있는 경우, 후루룩 한

번에 읽으면 안 된다. 말의 전달력이 약해지기 때문이다. 의학, 전문, 복합, 건물 이렇게 중간에 끊으면서 읽어야 사람들이 이 단어에 관해 생각할 수 있는 잠깐의 여유를 줄 수 있다.

3S 중 두 번째는 'Strong', 즉 강하게 말하기다. 여기서 '강하다'라는 것은 남을 제압하는 큰 목소리가 아니라 말에 에너지를 넣어 강하게 전달하는 것을 말한다. 사람들은 목소리에 힘을 넣지 않고 대충 말하는 경향이 있다. 술 한 잔 먹고 편한 친구들과 대화할 때는 강하고 에너지 있는 목소리가 나오지만, 앞에 나와 프레젠테이션을 하거나 강의를 하게 되면 기어들어가는 목소리를 내는 분들이 많다. 좀 더 자신감을 갖고 목소리를 강하게 내보자. 더 크게 내보자. 내 목소리를 밖으로 표현해보자. 언제까지 이렇게 작고 자신감 없게 소리를 낼 것인가! 상대방을 향해 지나치게 배려하는 것은 오히려 배려가 아닐 수 있다. 아닌 것은 아닌 것이다.

3S 중 마지막은 'Sensitive'다. 가장 감각이 있는 목소리는 '열정'이 가득한 목소리다. 또한 '따뜻함'이 느껴지는 목소리다. 언제 목소리를 작게 내고, 언제 목소리를 크게 내야 하는지 알고 목소리를 조절하는 것이다. 많은 사람 앞에 나와 PT를 할 때는 자신감 있고 카리스마 있는 뉴스 원고 톤으로 목소리를 낸다. 누군가를 설득할 때는 쇼핑호스트의 열정적인 톤으로 목소리를 낸다. 시 낭송을 하거나 누군가의 감성을 터치할 때는 부드러운 라디오 진행자 톤으로 목소리를 낸다. 또 모임에 활력을 불어넣을 수 있는 리포터 톤

도 괜찮다. 이렇게 다양한 음성으로 적시적지(適時適地)에 목소리를 내보는 것이다.

그럼 3S 목소리를 내기 위해서는 어떻게 해야 할까? 대중 스피치에서 잘 들리는 목소리를 내려면 크게 3가지를 훈련해야 한다. 바로 발음, 발성, 호흡이다. 좋은 발음은 명료하게 들리게 해준다. 좋은 발성은 편안하면서도 신뢰감 있게 들린다. 긴 호흡은 혼자 길게 말해도 안정감 있게 말할 수 있도록 도와준다.

■ ■ ■ 부정확한 발음부터 잡아라

건설업을 하시는 분이 관련 분야의 협회 회장 선거에 출마하게 되었다. 드디어 후보 연설에서 연설문을 읽어 내려가는데 도대체 무슨 말을 하는지 하나도 알아들을 수 없었다.

"아뇽하세요. 반갑듭니다. 데가 이번에 던거에 나온 이유는…."

이처럼 남성들의 경우 울림소리(발성)가 좋아 발음이 발성에 묻히는 경우가 많다. 그래서 남성들이 대중 스피치를 할 때 좀 더 또렷하게 발음을 해줘야 한다. 더군다나 이분은 전체적으로 혀 짧은 소리를 내고 있어 발음 교정이 시급했다.

발음이 정확하지 않으면 사람들은 한 번에 말을 이해하지 못해 중간에 듣기를 그만두는 경우가 많다. 사람들이 애쓰지 않아도 들게 하려면 내가 먼저 발음을 또렷하게 해야 한다. 그럼 발음을 정확하게 하려면 어떻게 해야 할까? 먼저 발음을 만드는 3가지 요소를 알아보자.

목소리는 후두 성대의 울림을 통해 발현된다. 성대는 엘리베이터의 문처럼 양쪽 문이 서로 닫혔다 열렸다를 반복하며 울림을 만들어낸다. 사람이 목소리를 내려고 하면 성대나 그 주변의 근육이 움직여 느슨해져 있는 성대를 긴장시킨다. 그때 긴장되어 좁아진 성대가 공기의 흐름으로 인해 진동하고, 그 결과 소리가 나오게 되는 것이다. 하지만 성대는 발음을 만들 수는 없다. 성대는 소리를 만들어내는 기관이므로 정확한 발음을 내기 위해서는 누군가의 도움을 받아야 한다.

자, 우리가 쿠키를 만든다고 생각해보자. 쿠키의 원료인 밀가루만으로는 쿠키 모양을 낼 수는 없다. 쿠키 틀이 있어야 한다. 이렇듯 발음도 기본 소리 위에 발음을 만들어줄 수 있는 틀이 필요하다. 그 틀은 대표적으로 '입과 혀'라고 할 수 있다. 즉 성대에서 올라온 소리가 입과 혀를 거치며 우리가 의사소통할 수 있는 발음을 만들어내는 것이다. 만약 말을 할 때 입 모양과 혀의 위치가 바르지 못하면 우리는 그 말을 알아들을 수 없다.

"뭐라고 말하는 거야? 좀 정확하게 발음해봐!"라는 말을 자주 듣는다면 '입을 크게 벌리는 것'을 잊지 말자.

입 모양은 크고 정확하게 하라

아침에 일찍 일어나 출근을 해야 하는데 늦잠을 잤다. 아침밥을 안 먹자니 점심때까지 배가 고파서 기다릴 수가 없다. 그렇다고 먹자니 시간은 없다. 그럴 때 어떻게 하는가? 보통 밥을 국에 말아 후루룩 마시고 나간다.

그런데 사람들이 아침밥만 후루룩하는 것이 아니다. 말도 후루룩 마셔버리는 경우가 많다. 각 음절의 자음과 모음을 최대한 살려 이야기를 해줘야 하는데, 입 모양을 작게 해 대충 발음해버리는 경우가 많은 것이다. 사실 발음 비법은 특별한 게 없다. 일단 입 모양을 크게 해 발음이 소리에 묻히지 않도록 하는 것이 중요하다.

발음은 말의 소릿값, 즉 음가다. 10점 만점이라면 최소 8~9점 정도의 음가를 내줘야 한다. 하지만 대부분의 사람은 5~6점 정도의 음가만 내면서 말을 한다. 이렇게 음가가 최대한으로 나오지 않기 때문에 발음이 다른 사람의 귀에 잘 들리지 않게 되는 것이다.

이제 입 모양을 크게 해서 발음을 하나씩 살려보자. 발음을 살리기 위한 첫 번째 방법은 바로 '입 크게 벌리기'다. 모음의 음가에 맞춰 입을 크게 벌리는 것이다. 예를 들어 "안녕하세요."라는 말에는 '아 여 아 에 요'라는 모음이 있다. 그러므로 "안녕하세요."라고 말할 때는 이 5개 모음의 변화에 따라 입 모양이 바뀌면서 표정이 달라져야 한다. 하지만 우리는 대부분 입을 다물면서 말한다. 이렇게 입을 크게 벌리지 않고 말하면 내 가까운 가족이나 친구들은 내 말

예 [안녕하세요. 반갑습니다.]를 읽어보세요. 손거울을 가지고 와서 입 모양이 정확히 크게 벌어지는지 살펴보세요. 이번에는 [아 여 아 에 요. 아 아 으 이 아.] 이렇게 모음만 따로 떼어 발음해보세요. 스트레칭하듯 입을 크게 해서 발음해보세요. 그다음 [안녕하세요. 반갑습니다.]를 다시 발음해보세요. 한결 입 모양을 정확히 하며 발음하는 것을 느낄 수 있을 거예요.

예 나는 호감 가는 목소리를 만들고 싶다.
호감 가는 목소리를 만들기 위해서는 목소리 안에 울림이 가득해야 하며 소리가 동그랗게 표현되어야 한다. 난 반드시 연습을 통해 좋은 목소리를 가질 것이다.
→ 아으 오아 아으 오오이으 아으오 이아.
오아 아으 오오이으 아으이 위애어으 오오이 아에 우이이 아으 애야 아여 오이아 오으아에 요여외어야 아아. 아 아으이 여으으 오애 오으 오오이으 아이 어이아.

* 입이 시원하게 스트레칭 되어야 한다.

을 알아듣겠지만, 내 말을 처음 듣는 청중은 '무슨 말을 하고 있는 거지?'라며 못 알아들을 수 있다.

또한 입 크게 벌리기만큼이나 중요한 것이 있는데 그것은 바로 '입 안 아치 넓히기'다. 여기서 아치는 '입천장'이다. 우리가 말을 할 때 밖에 있는 입술을 크게 움직이는 것도 중요하지만, 입을 크게 벌려 아치를 높이는 것 또한 정확한 발음에 도움을 준다. 우리의 소리는 음파, 즉 진동으로 청중에게 전달된다. 이때 입 안의 아치를 높여 입을 크게 벌려 말하면 훨씬 더 또렷한 음가를 얻을 수 있다. 마치 하품하는 것처럼 입을 크게 벌려, 아치를 높여 소리를 내보자. 입에 힘을 주는 사람들은 입을 닫고 말하는 경우가 많다. 이제 입을 쫙 벌리며 정확한 음가를 내주자.

누군가 앞에 나가 말을 할 때 발음을 정확하게 하지 않아도 들리기는 한다. 하지만 중요한 것은 잘 들리지 않는다는 것이다. 사람들은 누군가의 이야기를 듣고 있을 때 귀에 속속 잘 들리지 않으면 듣는 것에 흥미를 잃어 그 사람의 말에 집중하지 않는다. 한 가지만 기억하자. 사람들은 아무리 재미있는 말이라도 듣는 것보다 말하는 것을 좋아한다는 사실을 말이다. 그런 사람들의 입을 다물게 하고 내 말을 듣게 하기 위해서는 정확한 발음으로 말해야 한다는 사실을 꼭 기억하자.

■ ■ ■　**발성을 위해 복식호흡을 연습하라**

발성은 소리의 울림이며, 이 발성을 하기 위해서는 보이스계의 스테디셀러인 '복식호흡'을 공부해야 한다. 몸도 바이올

린과 첼로처럼 하나의 악기와 같다. 내 몸을 연주하는 방법을 배우면 몸 전체를 울려 소리를 낼 수 있다. 목에 의존하는 가벼운 생소리가 아닌, 몸 전체에서 울려 나오는 울림 목소리를 내려면 '복식호흡'을 해야 한다.

복식호흡의 기본은 '코로 숨을 들이마시고 입으로 내뱉기'다. 한 번 해보자. 갈비뼈 아래부터 배꼽 5cm까지 사이에 손을 올려놓고 코로 숨을 조금씩 들이마시자. 공기가 들어가면 풍선은 어떻게 되는가? 부풀어 오르지 않는가? 우리의 몸도 마찬가지다. 자, 숨을 들이마시면 내 배도 부풀어 오를 것이다. 그다음은 숨을 입으로 내뱉어보자. 풍선에 바람이 빠지면 수축하듯이, 숨을 내쉬면 배는 움푹 꺼질 것이다.

복식호흡은 코로 숨을 채운 다음 입으로 숨을 내보내는 것을 말한다. 하지만 코로 숨을 들이마시려면 입을 닫아야 하기 때문에, 말을 할 때 코로 숨을 들이마시기가 쉽지 않다. 하지만 대부분 방송인들은 말을 하면서, 입이 열려 있을 때도 복식호흡을 한다. 이것은 숨을 코로만 들이마시는 것이 아니라 입으로도 들이마시기 때문이다. 우리도 입으로 숨을 들이마시고 뱉는 연습도 해보자.

'왜 난 오히려 숨을 들이마시면 배가 들어가지?'라고 생각하는 사람들이 있다면 그것은 배가 아닌 가슴에 숨을 채웠기 때문이다. 편안하게 숨을 깊이 들이마시고 뱉어보자. 숨을 배에 가득 채운다고 생각해보자. 또는 지금 당장 침대에 누워 복식호흡 존(Zone)에 책을 올려놓고 숨을 편안하게 들이마셔보자. 자, 어떤가? 숨을 들이마시면 배가 올라가지 않는가? 숨을 뱉으면 배는 아래로 내려간다. 이것이 바로 복식으로 호흡을 한다고 말하는 것이다.

가슴이 아니라 배에 숨을 가득 채우고 말하라

복식호흡 연습이 끝났다고 해서 모든 준비가 끝났을까? 그건 아니다. 대부분의 많은 사람이 연습할 때는 복식으로 연습하고 말을 할 때는 흉식으로 하니 이걸 반드시 고쳐야 한다. 그럼 어떻게 하면 복식으로 말을 할 수 있을까?

간단한 게임을 해보자. "안녕하세요!"를 숨을 들이마시면서 한번 말해보자. 다만 절대 숨이 나가서는 안 된다. 한 움큼의 숨도 나가서는 안 된다. 들이마시면서 "안녕하세요!"를 해보자. 자, 어떤가? 숨을 들이마시면서 "안녕하세요!"를 할 수 있는가? 그렇지 않을 것이다. 이건 애초부터 말도 안 되는 게임이다. 우리는 숨이 들어가는, 즉 '들숨'에서는 말을 할 수 없다.

그렇다면 다음에는 숨을 내쉬면서 말을 해보자. "안녕하세요!" 어떤가? 이제는 말이 잘되는 것을 느낄 수 있다. 말은 이렇게 '들숨'이 아닌 '날숨'에서만 할 수 있다. 즉 우리는 숨을 내뱉으며 말하는 것이다. 그렇다면 애초에 내가 말을 시작하기로 한 시점에 이미 배 안에는 숨이 들어가 있어야 하지 않을까? 생각해보자. 물탱크에 물이 없다면 물이 나올 수 없는 것처럼, 숨 탱크에 숨이 있어야 그 숨이 나가며 말을 할 수 있는 것 아니겠는가?

이것이 정답이다. 우리가 말을 하기로 마음먹은 그 순간에 이미 배 안에 숨이 들어가 있어야 한다. 배에 차 있는 숨이 밖으로 나오면서 말을 하게 되는 것이기 때문이다. 그러므로 복식호흡으로 말을 한다는 것은 배에 차 있는 숨을 위로 끌어 올리면서 말하는 것이다. 하지만 대부분의 사람은 복식호흡을 연습하고 나서 말을 할 때는 숨을 가슴에 채우고 그냥 말을 뱉는다. 말을 할 때도 준비가 필요하다. 배에 숨을 가득 채우고 "안녕하세요!"를 말해보자. 이것이 바로 복식호흡으로 말하기다.

내 몸의 공명점을 찾아야 한다

복식호흡을 위한 두 번째 방법은 내 몸의 공명점을 찾는 것이다. 즉 자신의 '키톤'을 찾는 것이다. 공명점을 찾아 소리를 낸다면 당연히 내 몸에 맞는(키톤에 맞는) 좋은 목소리를 낼 수 있다. 여기서 키톤은 명상을 하거나 안정감을 느낄 때, 또는 진심으로 누군가에게 말할 때 나오는 음역대를 말한다.

울림이 가장 극대화되는 톤인 키톤에 맞춰 말을 하면 나도 편하고 상대방도 편한 목소리가 나오게 된다. 사람들은 각자의 몸에 맞는 톤이 있다. 마치 피아노의 음계 '도레미파솔라시도'처럼 각자 몸에 맞는 톤을 갖고 있다. 그래서 키톤을 찾는다는 것은 깊은 울림이 느껴지는 공명점을 찾는 것이다. 깊은 울림이 나오는 공명점을 찾아서 말해야 나만의 키톤 영역대에 맞는 공명을 낼 수 있다.

자, 그럼 내 몸에 맞는 키톤을 찾아보자. 내 몸에서 소리가 나오는 공명점을 찾으면 된다. 키톤을 찾으면 고음이나 저음도 무리 없이 낼 수 있으며, 자기 스스로 울림을 만들어내기 때문에 성대의 피로도를 낮추면서 정확한 소리를 얻을 수 있다. 또한 음색을 다양하게 표현해낼 수 있으며, 성량의 음폭이 넓고 풍부해진다. 여기다가 동그란 목소리가 가능해져 부드러운 느낌을 줄 수도 있다.

그럼 자신의 키톤(공명점)을 찾기 위해서는 어떻게 해야 할까? 먼저 복식호흡 존에 숨을 채운 다음 갈비뼈가 갈라지는 명치(Y존)에 손가락을 갖다 댄다. "음~"이라는 소리를 내보자. 이때 소리를 내면서 배를 손가락으로 눌러보자. 큰 울림이 느껴지는가? Y존이 아닌 다른 곳을 손가락으로 둘러보자. 가운데 Y존을 눌렀을 때의 울림이 더 크다는 것을 알 수 있다.

공명점은 우리의 소리가 나오는 초인종이다. 이곳을 누르면 몸 전체에 울림이 생겨 더 좋은 목소리가 나오게 되는 것이다. 하지만 말을 하면서 이 지점을 계속 손가락으로 눌러줄 수는 없다. 말을 할 때는 이 부분을 손가락이 아닌 복근으로 눌러줘야 한다. 복근 훈련을 통해 말을 할 때 자연스럽게 공명점이 눌릴 수 있도록 연습해야 한다.

울림이 있는 좋은 발성을 얻기 위해서는 복식호흡에 숨을 채운 다음 키톤을 눌러야 한다. 이때 또 하나 할 것이 있다. 바로 입 모양을 동그랗게 만드는 것이다. 입 안에서 소리가 더욱 진동할 수 있도록 입을 크게 벌려주자. 입을 벌린 다음 혀를 내려 완전히 입 뒤쪽이 열리는 연구개(물렁입천장)로 만들어주자. 목젖이 보일 정도로 입을 크게 벌려주자. 그다음 배에 숨을 채우고 자신의 키톤을 누르며 한껏 "아~~"하고 소리를 내보자.

복식호흡으로 말하는 것을 어렵게 생각하는 분들이 많다. 사실 복식호흡으로 말하는 것을 간단히 정리해보면 '채누보의 원칙'을 지키며 말하는 것이라 할 수 있다. '채누보의 원칙'은 '채운다-누른다-보낸다'로 첫째 복식호흡에 숨을 먼저 채우고, 둘째 배근육을 눌러 소리를 내며, 셋째 그 숨을 위로 보내며 말하는 것을 의미한다. 이제 복식호흡에 대한 감이 잡히는가? 먼저 복식호흡에 숨을 담아라. 그다음 복근으로 키톤점을 눌러 배에 있던 숨을 위로 끌어올려라. 마지막으로 입을 동그랗게 해 울림을 배가한 후 "아~~"하고 뱉어보자. 한결 좋은 목소리가 나올 것이다.

■ ■ ■   **말의 체력인 호흡을 길러라**

"저는 사람들 앞에 섰을 때는 별로 떨리지 않는데, 말을 하다 보면 떨려서 정신을 차릴 수가 없어요. 말을 잘하고 싶은데 잘 안 되더라고요. 왜 그런 거죠?"

"저는 말을 할 때 숨이 차서 말을 잘할 수가 없어요."

"저는 말끝을 자꾸 흐려요. 그래서 주변 사람들은 제가 자신감이 없어 보인대요."

이런 증상이 있는 분들의 문제점은 바로 '호흡이 짧다는 것'이다. 난 어렸을 적 말을 심하게 더듬거리는 '말더듬이' 아이였다. 초등학교 4학년 때 내가 말을 더듬는 것을 걱정하셨던 어머니께서 담임 선생님을 찾아가 상담을 할 정도였다. 그때부터 담임 선생님은 나를 혹독하게 트레이닝시키기 시작했다. 나에게 매일 친구들 앞에 나가 동화구연을 하라는 명령(?)을 내리신 것이다. 말하기가 죽기보다 싫었던 나는 매일 아침 학교에 가기 싫어서 아침마다 집이 떠나가라 울고는 했다.

그렇게 매일 집이 떠나가라 울다가 정말 학교에 가기 싫은 날에 가출을 했다. 하지만 초등학생이 가출을 해봤자 어딜 가겠는가? 하루 종일 정처 없이 떠돌다 집에 돌아가니 어머니께서 "그래, 네가 그렇게 싫으면 하지 마라."라고 말씀하셨다. 하지만 담임 선생님은 그만두지 않으셨다. 다음 날도, 그다음 날도 나의 동화구연은 계속되었다. 그렇게 앞에 서서 이야기를 하다 보니 버벅거리는 횟수가 줄어들고, 버벅거리지 않는 부분에서 너무 빨랐던 말의 속도도 차츰 여유를 갖게 되는 것이 아닌가?

독자들 중에도 말을 더듬어서 고민하는 분들이 있을 것이다. 말을 더듬는다는 것은 호흡이 짧다는 것이다. 말을 더듬거나 머릿속에서 생각은 나는데 입이 따라주지 않는 사람들 말이다. 모두 말의 체력, 즉 '호흡'이 짧아서 말을 더듬을 가능성이 크다.

한 호흡이 길어야 좋은 목소리를 낸다

호흡은 말의 체력이다. 체력이 좋아야 운동을 잘할 수 있는 것처럼 호흡이 좋아야 말을 잘할 수 있다. 어려운 것 같은가? 숨을 폐 안에 가득 들이마시고 다시 뱉는 것을 한 호흡이라 한다. 한 번에 숨을 많이 마시고 길게 뱉는 사람을 보고 "호흡이 길다. 말의 체력이 좋다."라고 말한다. 반대로 숨을 들이마실 때 조금만 들이마시고 뱉을 때 한꺼번에 뱉어 호흡이 부족한 사람들을 "호흡이 짧다."라고 말한다.

호흡이란 살아 있는 생명체가 자신의 생명을 지키기 위해 본능적으로 하는 활동이다. 1분 동안의 호흡 횟수로 수명을 알 수도 있다. 수명이 10~15년으로 짧은 개는 1분 동안 30~35회 정도의 호흡을 한다. 1분에 2~3회 정도의 호흡을 하는 거북이는 300년 가까이 산다. 사람은 어떠한가? 1분에 15~18회 정도 호흡을 하며, 평균 수명은 80세 정도다. 이렇듯 수명과 호흡은 밀접한 관계가 있다. 하지만 호흡이 수명에만 관계가 있는 것은 아니다.

한 호흡이 길어야 좋은 목소리를 낼 수 있다. 왜냐하면 호흡은 발음과 발성을 담는 '그릇'이기 때문이다. 그릇이 커야만 이 그릇에 정확한 발음과 풍부한 발성을 가득 넣을 수 있는 것이다. 이 호흡은 연습하면 길어질 수 있다. 그렇다면 어떤 연습을 하면 호흡이 길어질까? 바로 '호흡 참기'다. 숨을 깊게 들이마신 다음 "아~~" 하고 길게 뱉어보자. 얼마나 오랫동안 뱉을 수 있는가?

한 예능 프로그램에 성악가 조수미 씨가 출연한 적이 있다. 그 프로그램에서 조수미 씨는 발성 연습을 하면서 숨을 크게 들이마신 다음 "아~~" 하고 얼마나 오랫동안 뱉느냐를 연습한 적이 있었다. 이처럼 호흡은 연습하면 연습할수록 더 길어진다.

원래부터 긴 호흡을 가진 사람들이 있다. 말하는 것을 좋아하거나 말을 업(業)으로 하는 사람들이 그렇다. 이 사람들은 조금씩 말을 하면서 체력이 좋아져 자기도 모르게 호흡이 좋아진 경우다. 하지만 대부분의 스피치로 고민하는 분들은 평상시 말하는 것을 별로 좋아하지 않는 경우가 많기 때문에 호흡이 짧다.

■ ■ ■

목소리가 좋다는 것은 3가지가 유기적으로 잘 연결되는 것을 말한다. 첫 번째 정확한 발음, 두 번째 풍부한 발성, 세 번째 긴 호흡! 우리가 골프를 배운다고 생각해보자. 푸르름이 가득한 골프장에서 라운딩하는 것도 도움이 되겠지만, 중요한 것은 '얼마나 기본기를 잘 갖췄느냐.'일 것이다. 목소리의 기본이 갖춰지면 '중심이 잡힌 목소리'를 낼 수 있다.

내가 만난 목소리 좋은 사람들의 목소리에는 '중심'이 있었다. 무엇에도 흔들림 없는 톤과 정확한 발음, 급하게 전달하지 않는 안정된 호흡까지 말이다. 우리도 사소한 바람에 쉽게 흔들리는 목소리가 아닌 중심이 잡혀 절대 흔들리거나 부러지지 않는 목소리에 도전해보자.

체크 포인트

- 발음이 정확하지 않으면 듣는 사람은 한 번에 이해할 수 없다. 쉽게 알아듣게 하려면 내가 먼저 발음을 또렷하게 해야 한다.
- 신뢰감 있고 편안하게 들리는 발성을 위해서는 몸 전체를 악기처럼 사용하는 복식호흡을 해야 한다.
- 말을 더듬는 것은 호흡이 짧다는 것이다. 호흡이 길어야만 좋은 목소리를 낼 수 있다.

CHAPTER 5

리듬 스피치 플롯_
리듬으로 스피치에 생명력을
불어넣어라

• • •

표현력이 중요한 세상이다. 같은 말을 해도 리듬을 넣어 말하는 것과
리듬을 넣지 않고 평상시처럼 말하는 것은 엄청난 차이가 있다.

얼마 전 CBS PD에게 '리듬 스피치'에 관한 인터뷰 요청을 받았다. '리듬'이라는 주제로 다큐멘터리를 준비하고 있는데 우리 라온제나의 리듬 스피치에 관한 것도 방송에 내보내고 싶다는 것이었다. 인터뷰와 관련해 한참 PD와 대화를 한 뒤 나온 결론은 '익숙하면 리듬이 생긴다.'라는 것이었다.

　피겨스케이팅 선수의 연기에는 물 흐르듯 흐르는 자연스러운 리듬이 있다. 바이올린을 연주하는 바이올리니스트의 손길에도 리듬이 있다. 아이를 목욕시키는 엄마의 손길에도 리듬이 있다. 무언가 반복적으로 연습해 자연스러워지면 리듬이 생긴다. 말을 많이 하는 사람들도 마찬가지다. 말을 많이 하다 보면 자연스럽게 자신의 몸에 맞는 리듬이 생긴다. 바로 이것이 '리듬 스피치'다.

　"어머, 아나운서 같으세요!"

마트에 가든, 옷을 사러 가든 내가 사람들에게 자주 듣는 말이다. 아나운서처럼 좋은 목소리와 정확한 발음을 갖고 있다는 칭찬일 수도 있지만 '내 말투가 그렇게 딱딱한가?'라는 생각도 들어 항상 부드럽게 말하려고 노력한다. 하지만 숨기려고 해도 숨겨지지 않는 아나운서의 느낌이 내 말속에 살아 있을 것이다. 바로 아나운서 특유의 '리듬감' 때문이다.

개그맨들에게도 개그맨 특유의 리듬감이 말에 녹아 있다. 예능 프로그램 〈1박 2일〉에서 멤버들이 어떻게 말하는지 들어본 적이 있는가? "1바악~~~ 2일!" 〈무한도전〉은 어떤가? '무한도전' 또박 또박 말하는 것이 아니라. "무~우한 도전! 오늘은 어떤 도전이 펼쳐질지 여러분 함께해주시기 바랍니다!" 평탄조로 이야기하는 것이 아니라 리듬을 넣어서 이야기한다.

이렇듯 TV에 나오는 아나운서와 리포터, 쇼핑호스트, 개그맨, 연기자 등 말 잘하고 말을 업으로 삼고 있는 사람들에게는 공통점이 있다. 바로 말에 '리듬감'이 있다는 것이다. 마치 노래 부르듯 말에 리듬감을 넣어 이야기한다.

사람들은 이 리듬감에 익숙하다. 똑 부러지는 아나운서의 리듬감, 밝고 경쾌한 리포터의 리듬감, 열정적이면서도 빠른 쇼핑호스트의 리듬감, 대사 하나라도 틀리는 것 없이 정확하게 전달하려는 배우의 리듬감에 익숙해져 있다. 그런데 우리의 말은 어떠한가? 앞에 나가서 발표만 하려고 하면 리듬감은 사라지고 평탄조로 무미건조하게 말하게 된다.

그러니 이제 우리도 '말 잘하는 사람의 목소리 리듬감'을 배워보자. 그럼 한결 세련되고 자신감 있게 말할 수 있을 것이다.

■ ■ ■ 노래 부르듯 말에 리듬을 넣어보자

회사에서 발표할 중요한 프레젠테이션 작업을 3박 4일 동안 밤새도록 했다. 그러다가 마침내 발표 날이 되었다. 의미심장하게 '내가 그동안 이 PT를 위해 열심히 준비했다.'라는 것을 강조해서 이야기하고 싶지만 왠지 마음과 입이 따로 논다. 심지어 사장님에게 "이 과장, 이 PT 직접 작성한 건 맞아?"라는 이야기를 듣는 상황까지 벌어진다. 왜? 왜? 왜? 내가 하는 이야기에 내 마음이 실리지 않는 걸까? 그것은 바로 말에 '생명력'을 넣지 않아서다.

흔히 앞에 나가 말을 하게 되면 기어들어가는 목소리에 리듬감이라고는 눈을 씻고 찾아보려야 찾아볼 수 없는 무미건조한 톤만 남기 십상이다. 그러니 이제 전문가의 리듬감을 배워보자. 평탄조로 무미건조하게 말을 할 것이 아니라 "이 과장님의 말씀은 참 잘 들리면서도 강한 열정이 느껴져!"라는 말을 들을 수 있도록 생명력 넘치는 리듬감을 넣어보자. 마치 노래를 부르듯이 말이다. 다음의 내용을 소리 내서 읽어보자.

예 날씨 정보입니다. 벌써 4주째 비 내리는 월요일 아침입니다.

이 비는 도대체 언제쯤 그칠까 궁금해하시는 분들 많을 텐데요.

출근길에도 퇴근길에도 우산 잘 챙기시길 바랍니다.

소리 내서 읽어봤는가? 어땠는가? 보통의 리포터들처럼 리듬감을 넣어서 이야기했는가? 무미건조하게 일자톤으로 이야기하지는 않았는가?

학교 다니던 시절 어쩔 수 없이 자리에서 일어나 책을 읽었을 때처럼 재미없게 읽지는 않았는가? 그렇다면 나도 재미없을 것이고, 내 이야기를 들은 사람들도 역시 재미있을 리 만무하다. 자, 이제 말에 리듬감을 넣어 강한 생명력을 불어넣어보자.

예 날씨/정보입니다./ 벌써/4주째/비/내리는/월요일/아침/입니다./

이/비는/도대체/언제쯤/그칠까/궁금해하시는/분들/많을/텐데요./

출근/길에도/퇴근/길에도/우산/잘/챙기시길/바랍니다./

리듬 스피치의 기본은 동그란 목소리다. 앞에서 좋은 목소리는 공명하는 목소리, 그리고 동그란 목소리라고 밝혔다. 목소리가 좋은 사람은 소리가 동그랗게 나온다. '날씨'라는 단어도 그냥 무의미하게 뱉은 것이 아니라 동그랗게 소리를 내는 것이다.

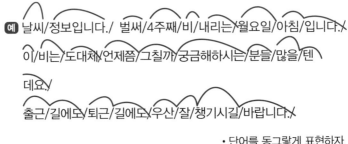

예 날씨/정보입니다./ 벌써/4주째/비/내리는/월요일/아침/입니다./

이/비는/도대체/언제쯤/그칠까/궁금해하시는/분들/많을/텐

데요/

출근/길에도/퇴근/길에도/우산/잘/챙기시길/바랍니다./

• 단어를 동그랗게 표현하자.

단어가 동그랗게 표현되는가? 단어의 첫음절은 동그랗게 뱉어주고 뒤의 어미는 살짝 부메랑처럼 감아 내리는 것이 이상하고 어색한 느낌이 들지 않는가? 그런데 하나도 어색할 필요가 없다. 왜냐하면 리듬 스피치는 우리가 늘 말을 하면서 해왔던 것이기 때문이다. 지금 막 새로 만들어낸 이론이 아니다. 사실 우리는 편한 친구를 만나 이야기할 때 자연스럽게 리듬감을 넣어 말한다. 생각해보라. 친구와 "야! 너 그동안 어떻게 지냈냐? 소식도 없더니만, 왜 잠수 탄 거야?"라는 말을 그냥 무미건조하게 일자톤으로 말하는 사람은 없지 않은가?

그렇다. 평상시에 말을 하는 맨투맨 스피치 때는 누구나 말에 리듬감을 넣는다. 다만 앞에 나와 발표하는 퍼블릭 스피치를 할 때 말의 리듬감이 없어지는 것이다. 이제 퍼블릭 스피치에도 맨투맨 스피치를 할 때 나오는 동그란 목소리인 리듬감을 넣어야 한다.

너무 어려운가? 그럼 한 가지 팁을 드리겠다. 말과 제스처는 짝꿍이다. 제스처로 동그라미를 그려주며 여기에 맞춰 발음도 동그

96

랗게 표현해보자. 어떤가? 힘든가? 처음에는 어색하고 이상할 것
이다. 하지만 계속 연습하다 보면 리듬감이 자연스러워진다. 조금
만 더 힘을 내 열심히 연습해보자.

■ ■ ■   리듬 스피치를 하면 좋은 점들

목소리에 리듬이 들어가게 되면 첫 번째 말의 전달력이
좋아진다. 첫음절에 악센트를 주면 사람들이 단어를 자연스럽게
연상하기 때문에 더욱 이해가 쉬워지는 것이다. 예를 들어보자. '여
행'이라는 말을 할 때 단어에서 뒤에 있는 '행'보다는 앞의 '여'에
악센트를 줘 강하게 표현하면, 사람들은 '여'라는 말을 듣고 '행'이
이어지는 순간에 먼저 이 말의 속뜻을 생각한다. 그러므로 더욱 이
단어에 대해 생각할 수 있는 시간이 길어져 전달력이 좋아지게 되
는 것이다.

또한 단어와 단어 사이의 짤막한 휴식, 즉 포즈(Pause)가 생겨 더
욱 전달력이 좋아진다. 요즘은 '휴테크'라는 말이 나올 정도로 잘
쉬는 것도 잘 일하는 방법이다. 서울에서 부산까지 고속도로를 타
고 내려간다 생각하면 중간에 최소 2번 정도는 휴게소에 들려 맛
있는 우동도 먹고, 스트레칭을 해줘야 별 탈 없이 내려갈 수 있을
것이다. 말을 할 때도 고속도로 휴게소에 해당하는 쉼이 필요하다.

내가 아는 내용이라고 해서 급하게 무작정 말을 뱉어버리면 안 된다. 사람들이 말뜻에 대해 생각할 수 있는 쉼을 줘야 한다. 리듬 스피치를 하게 되면 말이 내려갔다가 다시 올라가는 사이에 잠깐의 쉼이 생기기 때문에 사람들에게 내용에 대해 정리할 수 있는 시간을 줄 수 있다.

리듬 스피치를 하면 좋은 점 두 번째는 호흡을 아낄 수 있다는 것이다. 방송인과 연기자들이 리듬 스피치를 하는 이유는 전달력을 높이기 위해서이기도 하지만, 호흡을 아낄 수 있다는 강점이 있기 때문이다. 말할 때 발음을 정확하게 한다고 "안녕하세요."라는 말을 하나씩 힘줘서 이야기하면 호흡이 한꺼번에 너무 많이 빠져나간다. 이런 식으로 계속 30분 이상 이야기하게 되면 기력이 달리게 된다.

나는 하루 8시간에서 10시간 이상의 강의를 하는 날이 많다. 그 덕에 잘 때는 항상 허리가 아파 똑바로 누워 잘 수 없지만, 목소리만큼은 오히려 강의를 하면 할수록 깊어짐을 느낀다. 이것은 바로 리듬 스피치를 통해 에너지 사용을 최소화하기 때문이다. 강사들 중에도 리듬 스피치를 하지 못하고, 목소리 톤이 높고 목으로만 이야기하는 사람들은 단어를 말할 때 호흡이 많이 빠져나가 쉽게 지치는 사람이 많다.

리듬 스피치를 하면 좋은 점 세 번째는 편안한 톤으로 말할 수 있다는 것이다. 요즘 아나운서가 되기 위해 아나운서 아카데미를 다니는 친구들이 많다. 이런 아카데미에 들어가 맨 처음 하는 것이 바로 '어미 내리기'다. 어미는 말끝을 이야기한다. 말을 할 때 어미를 내려야 다음 단어를 시작할 때 약간의 포즈가 생성되어 전체적인 말의 전달력이 좋아지고, 말에 기품이 생긴다. 어미를 내리게 되면 자연스레 동그란 목소리를 얻을 수 있기 때문이다. 하지만 이 어미는 그냥 혼자 저절로 내려가지 않는다. 전체적인 톤이 내려가야 어미도 내려간다.

목소리 톤을 내리고 말의 어미를 내리는 것은 아카데미에 들어가 몇 개월을 배워도 쉽게 되지 않는다. 하지만 리듬 스피치를 하면 톤은 자연스럽게 내려가게 된다. 리듬 스피치는 올라가고 내려가고를 반복한다. 톤이 많이 올라가 있는 상황에서는 더 올라갈 수 없기 때문에 자연스럽게 아래에서 기본 톤이 형성되어 리듬이 올라가게 된다.

리듬 스피치를 하면 좋은 점 네 번째는 단어와 단어가 서로 맞물리지 않아 중간에 단어가 서로 엉키지 않는다는 것이다. 노래를 부르다 가사를 몰라 틀리는 경우는 있지만 서로 음이 엉켜 틀리는 경우는 별로 없다. 말을 더듬는 사람들도 노래를 부를 때처럼 말을 더듬지 않는다. 마찬가지로 붙어 있는 단어의 리듬감이 서로 겹쳐지지 않고 높낮이가 다르면 틀리지 않고 말할 수 있다.

■ ■ ■   리듬 스피치를 하기 위한 SAS 법칙

말에 생명력을 불어넣을 수 있는 리듬 스피치를 하기 위해서는 2가지 전제 조건이 반드시 필요하다. 첫째는 무미건조한 말은 절대 하지 않겠다는 의지, 둘째는 리듬을 위로 끌어 올릴 수 있는 호흡인 말의 체력이다.

리듬 스피치는 산의 모습을 하고 있다. 핵심 단어는 세게 이야기해야 한다. 특히 어려운 말뜻을 표현하는 체언은 천천히 강하게 이야기해야 하며, 숫자를 나타내는 수사는 더 강조해야 한다. 또한 체언을 꾸며주는 수식어는 강하게 이야기하고, 서술어를 꾸며주는 부사도 천천히 강하게 이야기해야 한다.

그렇다고 리듬 스피치를 어렵게 생각하지 마라. 사실 우리는 무의식적으로 말에 리듬을 넣으며 이야기한다. 친구들과 대화를 나눌 때, 술 한 잔 들어가 큰소리로 외칠 때를 보면 말에 리듬이 다 들어가 있다. 하지만 갑자기 나가서 발표만 하려고 하면 떨려서 그냥 단조로운 스피치를 하게 된다. 그러니 앞에 나가서도 자신감 있게 말에 리듬을 넣어보자. 리듬을 넣을 수 있는 강력한 호흡으로 말이다.

말에 리듬을 주면서 이야기해보자. 말에 리듬이 잘 안 들어갈 경우에는 상대방을 향해 진심으로 스피치를 한다고 생각해보자. 정말 "안녕하세요!"라고 반갑게 인사하는 경우의 표정을 지어보자.

리듬을 형성하는 것은 억양이다. 억양은 문자에 얹히는 높이 곡선이며, 문장 전체 또는 일부분에 가락을 얹어서 특정한 의미를 전달하는 것을 말한다. 한마디로 리듬 스피치는 낱말 본연의 의미를 최대한 살려서 말하는 것이다. 어찌 날씨라는 말과 정보라는 말의 느낌이 같을 수 있겠는가?

> **예** 지금부터 발표를 시작하겠습니다. 첨단의료복합단지의 사업 분석 발표입니다.

앞의 예는 아주 중요한 프레젠테이션이다. 이 프레젠테이션 원고를 그냥 쭉 아무 느낌도 없이 일자톤으로 읽는다고 생각해보자. 지루하기 짝이 없을 것이다. 그래서 리듬 스피치를 하기 위해서는 S-A-S, 즉 사스 법칙을 기억해야 한다.

S_쪼개라(Segmentation)

예능 프로그램의 MC들이나 방송국 아나운서, 홈쇼핑 쇼핑호스트들의 멘트를 한번 살펴보자. 말에서 리듬감이 느껴질 것이다. 평탄조로 무미건조하게 이야기하는 것이 아닌 파도를 치듯 말에 리듬이 들어가 있다. 말 잘하는 사람의 목소리 안에는 리듬이 있는 것이다.

처음 방송에 입문할 때 "네 말투는 너무 촌스러워. 방송하는 사람 같지 않아."라는 말을 많이 들었다. 말에 리듬이 들어 있지 않아서

였다. 무슨 리듬이냐? 바로 방송하는 사람들이 넣는 리듬이 없다는 것을 말한다. 말에 리듬을 넣게 되면 단어와 단어가 서로 짓이겨지지 않는다.

예를 들어 "아프가니스탄 탈레반에 한국인 인질 억류 사태 해결을 위해"라는 말을 한다고 해보자. 그냥 평탄조로 이야기하면 중간에 단어와 단어가 서로 묻혀 아프가니스탄에서 '탄'을 발음하기도 전에 '탈레반'을 먼저 말한다. 또는 '한국인 인질 억류'를 '한국인 인딜 엉뉴'라고 발음해 혀가 짧은 듯한 느낌을 줄 수 있다. 더불어 강조해야 할 단어가 다른 단어에 묻혀 전달력도 떨어진다. 말을 더듬는 사람들은 대부분 현재 읽고 있는 단어가 끝나지 않았음에도 불구하고 다음 단어를 급하게 발음한다. 잘 안 되는 발음 앞에서 호흡이 올라가 단어 자체가 붕 뜨게 된다.

그러니 아래에서 위로 올리듯이 발음해보자. 부드럽게 위로 끌어당기는 느낌으로 해보자. 그럼 말이 잘 나올 것이다. 단어와 단어를 모두 다 쪼개보자. 또 한 문장 안에서 가장 강하게 읽어야 하는 부분에 공명을 팍팍 넣어보자.

일단 단어를 쪼개자. 쪼갠 다음 동그라미를 그려보자. 그 동그라미를 연결해보자. 이렇게 동그란 스피치가 모여 하나의 리듬을 형성한다. 이것이 바로 '리듬 스피치'다. 우리말에도 리듬과 가락이 있다. 여기서 리듬은 운율을 이루고 있는 소리나 행동의 반복적인 요소의 양식을 이야기한다. 우리말은 낱말의 길고 짧음, 강하고 여림을 통해 작은 동그라미가 모여 하나의 리듬을 형성한다. 말에 리듬이 들어가게 되면, 말에 생명력이 생기고 이로 인해 감정이입 스피치가 가능해진다. 나의 감정이 스피치에 실리게 되는 것이다.

또한 강약을 넣어서 이야기하기 때문에 전달력이 아주 좋아진다. 중간중간 내렸다가 올라가는 부분에 잠깐의 쉼이 생겨 앞말에 대한 이해도와 뒷말에 대한 대기력이 좋아진다. 노래 부르듯 이야기할 수 있어 호흡도 아낄 수 있다. 그뿐만 아니라 말의 변화가 생기기 때문에 지루한 스피치도 극복할 수 있다.

A_첫음절에 악센트를 줘라(Accent)

문장을 읽을 때 중심 단어, 수식 단어(형용사·부사), 숫자는 강하게 읽어준다. 문장 중 가장 중요한 단어, 어려운 단어, 숫자, 수식어구는 강한 공명을 넣어준다. 아래에서 위로 끌어 올리듯 동그란 스피치를 하자.

> **예** 지금부터 발표를 시작하겠습니다. 첨단의료복합단지의 사업 분석 발표입니다.

앞의 예시 문장에서는 '발표'와 '시작' 단어에 악센트가 있어야 한다. 또한 '발표'의 첫음절 '발'에도 악센트가 있어야 한다. 또한 '첨단, 의료, 복합, 단지, 사업, 분석, 발표'도 중요한 단어이기 때문에 악센트를 줘야 한다. 특히 발음하기 어려운 '의료'라는 단어와 이 PT의 가장 핵심인 '분석'이라는 단어에는 다른 어느 단어보다 강한 악센트가 들어가야 한다.

이때 주의할 점이 있다. 조화가 이루어지지 않는 악센트는 넣지 말라는 것이다. 가끔 악센트를 넣어 말하라고 하면 옆 단어와 조화가 되지 않는 너무 강한 악센트를 넣는 사람들이 있다. 너무 어색하지 않게 자연스러운 악센트를 넣어보자.

S_노래 부르듯 리듬을 타며 부드럽게 뱉어주자(Sing a song)

리듬 스피치는 새로운 이론이 아니다. 친한 사람들과 편하게 이야기할 때는 누구나 리듬 스피치로 이야기한다. 다만 앞에 나가 이야기하려니 긴장되어서 말의 리듬감이 사라지는 것이다. 앞에 나가서도 말에 생명력을 불어넣기 위해서는 평상시 내 말에 어디에 강이 들어가고 어디에 약이 들어가는지 점검해봐야 한다.

> **예** 잠시 후 행사를 시작하겠습니다. 모두 자리에 앉아주시길 바랍니다. 안녕하십니까? 반갑습니다. ○○○입니다. 이렇게 바쁘신데도 불구하고 출판 기념회에 참석해주신 여러분께 진심으로 감사드립니다. 출판 기념회는 엄마가 마치 10개월 동안 아이를 품고 있다 세상에 첫 울림을 전달하는 자리와 비슷하다는 생각이 듭니다.

아나운서 학원에 가서 먼저 하는 것이 바로 어미 내리기다. 어미 내리기는 동그란 목소리의 기본이다. 어미를 내려야만 다음 단어를 시작할 때 약간의 포즈가 생성되기 때문에 편안하면서도 전달력 있는 스피치가 된다. 단어의 첫 부분은 강하게 악센트를 주며 소리를 뱉고, 단어의 끝인 어미는 살짝 아래로 감아 내리자. 그럼 한결 품격 있고 세련된 말투와 어조로 소리가 표현될 것이다.

■ ■ ■   힘 있고 강한 목소리! 스타카토를 넣어라

말에 신뢰감이 강하게 묻어 나오는 사람들이 있다. 내 말을 듣는 상대방에게 신뢰감을 주려면 어미를 절대 끌어서는 안 된다. 음악 시간에 배웠던 스타카토를 어미에 접목해 딱딱 끊어 주자. 보통 말끝 어미를 늘리는 사람들은 "안녕하세요…. 반가워요…." 하는 식으로 말끝을 흐린다. 이러면 듣는 사람들은 '이 사람은 왜 이렇게 자신감이 없어?'라는 생각이 든다. 어미를 흐리면 말 전체에 힘이 들어가지 않기 때문이다.

군인들의 걸음걸이를 보라. 각이 잡힌 모습에서 어느 것 하나 긴장감이 느껴지지 않는 부분이 없다. 말꼬리를 흐린다는 것은 말 전체에 힘이 실리지 않는 것이다. 이 증상은 의도적으로 큰 목소리를 내게끔 하는 방법만으로도 고칠 수 있다. 말끝 어미를 늘리지 말고 스타카토로 힘 있게 마무리를 해주자.

다음 예시 문장을 스타카토로 힘 있게 읽어보자.

예 자,/지금부터/프레젠/테이션을/시작/하도록/하겠습니다.

어린이 스피치를 지도하다 보면 부모와 아이의 말버릇이 굉장히 비슷하다는 것을 알 수 있다. "우리 아이가요, 말끝을 흐려요."라고 상담하는 어머니의 말끝이 명료한 경우는 별로 없다. "우리 아이가요. 말할 때 입을 많이 벌리지 않아요."라고 상담하는 어머니는 입을 크게 벌리지 않는다. 자, 이제부터라도 입 모양을 크게 벌려 리듬감을 타면서 이야기해보자.

■ ■ ■

표현력이 중요한 세상이 되었다. 생각이나 느낌 따위를 언어나 몸짓의 형상으로 드러내어 나타내는 것이다. 똑같은 자식인데도 어머니가 정성껏 끓여주신 김치찌개를 먹으면서 다르게 표현한다. "엄마, 찌개 진짜 맛있다! 정말 짱이야!"라고 말하는 아이와 "그냥 괜찮네."라고 말하는 아이가 있다. 어떤 아이의 말에 어머니가 더 행복해할까?

어떤 사람의 목소리를 들어보면 무뚝뚝한 기운이 넘칠 때가 많다. 특히 전화상에서는 더 그렇다. 전화할 때 상대방의 인상을 좌우하는 요소 중 목소리가 82%를 차지한다고 한다. 전화할 때는 얼굴은 보지 못한 채 목소리에만 의존을 해야 하기 때문에 더욱 친절하고 상냥한 느낌을 줘야 한다. 전화상 지나치게 사무적인 목소리, 무뚝뚝한 목소리같이 아무 리듬감이 없는 무미건조한 목소리는 사람들의 호감을 얻을 수 없다. 자, 이제 단어와 문장 안에 리듬감을 넣어 표현해보자.

 체크 포인트

- 평상시에 그냥 하는 말이라도 리듬을 넣어 노래를 하듯이 단어를 동그랗게 만들어 발음하라.
- 리듬 스피치를 통해 말의 전달력을 높이고, 호흡을 아껴라. 그러면 편안한 톤의 목소리를 낼 수 있다.
- 사람들에게 신뢰감을 주기 위해서는 말을 흐지부지 끌지 말고, 말끝 어미를 스타카토로 힘 있게 마무리하라.

남자 연예인
목소리 분석

김남길_순수한 목소리의 싹과 공명의 절묘한 조화

목소리는 크게 타고난 '순수한 목소리의 싹'과 깊은 울림을 가진 '공명' 목소리로 나뉜다. 순수한 목소리의 싹이 많을수록 개성 있게 들리고, 울림소리가 많을수록 신뢰감 있게 들린다. 배우 김남길의 목소리는 순수한 목소리의 싹과 공명이 절묘하게 하모니를 이루는 목소리다. 김남길의 목소리를 들었을 때 재미있으면서도 밝은 그의 성격이 그대로 드러나고, 멋진 중저음의 공명 덕분에 더욱 신뢰감 있게 들린다. 김남길의 목소리는 정확한 발음과 문장 구사력을 통해 자신만의 연기 세계를 만드는 데 일조하고 있다. 진심이 묻어나는 애절한 목소리부터 무게 있는 목소리의 사극 연기까지도 완벽하게 소화해낸다.

한석규 _ 국민 목소리

배우 한석규의 목소리는 독일의 아우토반을 달리는 고급 세단과 같다. 힘들이지 않으면서도 부드럽게 도로를 달리는 느낌! 목소리는 발음과 발성, 호흡으로 이루어져 있으며, 호흡이 좋아야 정확한 발음과 안정감 있는 발성을 낼 수 있다. 한석규는 성우 생활로 다져진 긴 호흡으로 발음과 발성을 컨트롤하며, '국민 목소리'라고 부를 수 있을 정도로 훌륭한 목소리를 갖고 있다.

이선균 _ 번데기 목소리

배우 이선균은 여자들이 좋아하는 로맨틱한 목소리를 갖고 있다. 그런데 발성학 측면에서 보면 이선균의 소리의 울림은 입(구강음)이 아닌 코(비강음)로 나와 소리가 위로 뜨는 경향이 있다. 보통의 배우들이 구강음으로 소리를 눌러 중저음을 만들어내는 것과 달리 이선균은 비강음으로 울림을 만들어내기 때문에 소리가 자칫 가볍게 들릴 수 있다. 또한 발음할 때 입을 크게 움직이지 않아 전반적으로 발음이 부정확하다. 특히 시옷 발음이 잘 안 되어 "사랑합니다."라는 말을 할 때 '사' 발음이 번데기 발음이 되어 나오는 경우를 종종 볼 수 있다.

김명민 _ 노력형 목소리

배우 김명민의 목소리는 한마디로 노력형이다. 타고난 목소리보다는 트레이닝을 통해 개선된 목소리라고 할 수 있다. 울림이 있는 멋진 중저음을 갖고 있는데, 이 중저음은 타고나기보다는 훈련을 통해 더욱 깊어지고 진해진다. 그런데 이렇게 노력해서 목소리가 좋아진 사람들은 컨디션에 따라 발음과 발성이 큰 차이를 보이는 경우가 많다. 그래서 밤을 새워 촬영하거나 스케줄이 많은 날의 목소리는 정확하게 들리지 않을 때가 있다.

이병헌 _ 마음을 홀리는 달콤한 목소리

이병헌은 다른 배우들보다 한 톤은 낮은 멋진 중저음의 목소리를 갖고 있다. 톤이 낮다는 것은 복식호흡을 통해 깊이 숨을 채웠다가 뱉으면서 소리를 낸다는 것이다. 이렇게 아래까지 숨을 채우고 뱉을 수 있다는 것은 그만큼 말을 할 때 깊은 내공이 있다는 말이다. 또한 이병헌의 목소리는 '동그란 모양'을 하고 있다. 동그란 목소리는 자신감 있으면서도 상대방을 배려하는 목소리다. 한국을 넘어 할리우드에서 인정받고 있는 배우 이병헌! 이병헌의 연기력은 그의 매력적인 목소리를 밑바탕으로 한다.

류승룡 _ 허스키 보이스

배우 류승룡은 아주 깊은 중저음의 목소리다. 그런데 너무 중저음으로 소리를 눌러 발음이 또렷하게 들리지 않을 때가 많다. '웅웅웅~' 하는 발성 때문에 발음이 정확하지 않아 무슨 말인지 생각하면서 들어야 한다. 또한 목소리에 허스키한 느낌이 많아 남자답기는 하지만 깨끗하게 들리지는 않으며, 말할 때 과하게 발음을 세게 넣는 경우도 있다. 예를 들어 '이준익 감독님'을 말할 때 '이주닉'이 아니라 '이쥬닉'이라고 발음하게 되는 것이다.

박해일_ 반전 목소리

자칫 여성스러워 보일 수 있는 부드러운 외모를 가진 배우 박해일의 목소리는 진한 중저음이어서 강하면서도 카리스마 있는 분위기를 연출하고 있다. 배우 박해일의 목소리의 가장 좋은 점은 다양한 색깔이 있다는 것이다. 영화 홍보차 낭독 코너를 통해 매력적인 목소리를 과시하고, 개인적으로 인상 깊게 본 영화 〈인류멸망보고서〉에서는 세상의 진리를 깨우친 로봇의 목소리를 맡아 낭만적이면서도 사색적인 목소리를 들려주었다. 박해일의 음색 자체가 다른 배우들과의 가장 큰 차별점이라 할 수 있다.

송중기_ 아나운서 스타일의 신뢰감 있는 말투

배우 송중기는 성균관대학교 재학 시절 교내 방송국에서 아나운서를 했다. 그래서 그런지 목소리가 귀에 쏙쏙 들어오는 느낌이다. 더군다나 말투 자체가 굉장히 세련되어 연기는 물론 행사를 진행하거나 인터뷰를 할 때도 정갈한 느낌을 준다. 멋진 중저음을 갖고 있으면서도 맑고 깨끗한 느낌이 드는 청아한 목소리다.

하정우 _ 중저음의 따뜻한 보이스

하정우가 모 CF에서 보여준 중저음의 보이스는 정말 사람의 마음을 따뜻하면서도 감미롭게 해준다. 하정우의 목소리를 들으면 따듯한 넥워머 같은 느낌이 든다. 추운 겨울에 내 목을 부드럽게 감싸주는 따뜻한 목소리. 그런데 하정우의 경우 발성이 너무 좋아 발음이 묻힐 때가 많다. 더군다나 말투도 조금 느릿하고 어눌한 느낌이 있다. 만약 발음을 더욱 또렷하게 살려 소리를 내면 보다 신뢰감 있는 목소리를 가질 수 있을 것이다.

현빈 _ 까칠한 보이스

여성이 생각하는 가장 매력적인 목소리의 남자 배우 1위는 바로 현빈이다. 방영된 지 10년 이상 지났지만 아직도 많은 이들에게 인생작으로 손꼽히는 드라마 〈내 이름은 김삼순〉에서의 툭툭 내뱉는 반항아적인 말투와 그만의 독보적인 음색은 현빈을 최고의 배우로 만들어주었다. 비록 다른 배우들에 비해 중저음이 강하지는 않지만, 자신만이 갖고 있는 순수한 목소리의 싹으로 '현빈이기 때문에 가능한' 연기를 보여주고 있다.

CHAPTER 6

보디랭귀지 플롯_
제스처,
청중들을 집중시킨다

• • •

말을 한다는 것은 입으로만 말하는 것이 아니라 몸으로도 말하는 것이다.
몸으로 말하는 보디랭귀지가 또 하나의 언어인 셈이다.

요즘 기업의 임원들은 예전과 다르다는 것을 뼈저리게 느낀다. 예전 임원들은 편안히 책상에 앉아 일간지, 주간지, 모든 종류의 신문을 정독한 다음 11시도 채 되지 않아 점심을 먹으러 나갔다. 그러다가 오후 2시나 되어야 돌아오는 반 신선놀음이 많았는데, 지금 이렇게 하는 임원이 있으면 바로 "당장 아웃!"이 될 것이다.

요즘 임원들은 정말 할 일이 많다. 그들이 하는 일들은 대충해서는 안 되는, 정말 회사를 위해 꼭 해야 하는 중요한 일들이 많다. 그래서 잠시도 긴장을 늦출 수가 없다. 어느 교수님은 대기업의 임원을 만나면 처음 물어보는 말이 바로 "건강은 어떠세요?"라고 한다. 그만큼 한 기업에서 임원을 한다는 것은 지금까지 목숨을 내놓고 회사를 위해 온 열정을 바쳤기 때문에 그 자리에 오를 수 있었고,

또 그렇게 하기 때문에 그 자리를 유지할 수 있다는 말과 같을 것이다.

기업의 임원들이 천억 원 단위의 공사 수주를 하느냐 못하느냐가 결정되는 중요한 프레젠테이션을 맡게 되는 경우가 있다. 예전에는 PT를 잘하는 한 임원에게 몰아서 하게 했는데, 요즘에는 관련 기관의 시책이 바뀌어 공사를 책임·총괄하는 사람이 직접 PT를 하는 체제로 변경됐다고 한다. 그래서 어쩔 수 없이 PT를 떠맡는 경우가 많다는 것이다.

이런 PT를 할 때 보디랭귀지도 또 하나의 플롯이 된다. 우리는 입으로만 말을 하는 것이 아니라 몸으로도 말을 한다. 보디랭귀지는 학문적으로 키니식스(침묵의 언어)라고 한다. 소리는 나지 않지만 내가 말하는 바를 보디랭귀지로 표현하는 또 하나의 언어인 셈이다.

왜 스피치를 할 때 보디랭귀지가 필요할까? 우선 보디랭귀지는 일단 사람의 시선을 끌 수 있다는 장점이 있다. 스피치를 할 때 사람들의 시선이 옆이나 위로 향하는 것만큼 긴장되는 것은 없다. 적절한 보디랭귀지는 청중을 집중시킨다.

이제는 고인이 된 유머 강사가 했던 말이 떠오른다. 그 강사는 개인적으로 가수 조영남 씨와 친분이 있었는데, 조영남 씨는 항상 무엇을 하든 자신과 함께하길 원했다고 한다. 그래서 밥을 먹을 때도 방송을 할 때도 항상 자신을 부르는 조영남 씨를 보고 왜 그러냐고 묻자, "난 당신이 없으면 말할 맛이 안 나."라고 대답했다는 것이다.

왜냐하면 그 강사가 맞장구, 추임새를 정말 잘하는 분이었기 때문이다. "맞아, 맞아." "어머머~" "그래서 어떻게 됐는데?" "그게 정말이야?" 등 사람이 말하는 것에 맞장구를 잘 치니 항상 함께하고 싶었던 것이다.

■ ■ ■ 적절한 움직임으로 청중의 눈에 자극을 준다

자신이 말을 던졌는데 청중의 반응이 좋으면 스피치는 즐겁다. 그런데 청중의 반응을 이끌어 내지 못한다면 말하는 사람(연사)의 잘못이다. 연사는 사람들이 시선을 돌리지 않도록 계속 주의를 집중시켜줘야 한다. 그럴 때 도움이 되는 것이 바로 보디랭귀지다. 보디랭귀지를 하게 되면 적절한 움직임을 통해 지루해할 수 있는 청중의 눈에 자극을 줄 수 있다.

보디랭귀지를 하게 되면 좋은 점 두 번째는 바로 '긴장을 깰 수 있다는 것'이다. 여러분도 지금 당장 무대 앞에 서게 된다면 긴장되고 떨릴 것이다. 누구나 무대에 서면 떨린다. 소프라노 조수미도, 배우 유준상도, 스피치 강사 임유정도 떨린다. 하지만 제각기 떨리지 않는 자신만의 방법이 있을 것이다. 나 같은 경우에는 무대에 섰을 때 떨리면 보디랭귀지를 더욱 적극적으로 한다. 그래야 온몸의 긴장이 풀리고 굳어 있던 입도 풀리고 멈췄던 생각도 풀리게 되기 때문이다.

긴장하는 사람들은 보디랭귀지를 처음부터 하지 않는다. 그러다가 5분, 10분이 지나고 난 뒤 보디랭귀지를 시작하는 사람들이 많은데, 이는 잘못된 것이다. 처음부터 적극적으로 보디랭귀지를 해서 스스로 긴장을 풀어줘야 한다.

보디랭귀지를 하면 좋은 점 세 번째는 '말의 이미지화'가 가능해진다는 것이다. 보통 다른 사람에게 메시지를 전달할 때 사람의 오감을 최대한 만족시켜줄 수 있는 방향으로 가야 사람들을 설득할 수 있다. 단지 소리를 내는 청각적인 이미지만 도움을 주는 것이 아니라, 시각적인 자극을 주면 사람들이 더욱 쉽게 이미지를 연상할 수 있다.

예를 들어 "이 건물의 경우 전체 사각형의 디자인에 중간을 가로지르는 S라인의 통로를 만들어 도보 흐름을 용이하게 하겠습니다."라는 말을 하고 있다. 이때 이 문장만 그냥 말하는 것이 아니라 손동작으로 정사각형과 중간에 가로지르는 S라인을 만들어주면 훨씬 더 전달력이 높아진다.

그런데 우리나라 사람들은 보디랭귀지에 반감을 보이는 사람들이 적지 않다. 왜 말을 할 때 쓸데없이 몸을 움직이느냐는 것이다. 하지만 생각해보자. 사람은 필요할 때만 움직이는 기계가 아니다. 상대방과 이야기하면서 자연스럽게 이어지는 몸의 움직임은 나를 위해서도 상대방을 위해서도 필요하다. 물론 과유불급(過猶不及)이라고 해서 뭐든 과하면 안 되겠지만, 적절한 보디랭귀지는 스피치의 전달력을 높일 수 있다.

■ ■ ■   청중에게 제대로 인사하는 방법

인사는 처음으로 청중에게 연사인 내 모습을 드러내는 공식 제스처다. 뭐든지 첫 단추를 잘 끼워야 하는 것처럼 인사도 정중하게 제대로 하는 것이 중요하다. 먼저 인사에는 크게 3가지 종류가 있다. 목례, 보통례, 정중례다.

목례는 눈인사라고 불리며 상체를 굽히지 않고 15도 정도 가볍게 머리만 숙이는 인사다. 앉아 있거나 서 있을 때, 또는 걸어갈 때, 길이나 실내나 복도에서 사람을 자주 대할 때 쓸 수 있다. 또는 바쁘게 일을 하는 중에 손님을 맞이할 때, 자신과는 직접 관계가 없는 고객이 돌아가려고 할 때 등의 경우다.

보통례는 30도 정도 상체를 굽혀서 하는 인사를 말한다. 보통 청중이 두 큰 걸음 정도에 있을 때 하는 인사로 남자는 두 팔과 손을 양옆에 붙여서 하고, 여자는 앞으로 두 손을 모으면서 몸을 굽힌다. 이때 손의 위치는 '남좌여우', 즉 남자는 왼쪽 손이 여자는 오른쪽 손이 위로 올라가야 한다.

보통례는 일상생활에서 가장 많이 하는 인사다. 상체를 허리부터 숙인 후 마음속으로 하나 둘을 센 다음에 일어난다. 이때 멈추지 않고 너무 빨리 일어나면 성의 없어 보이고, 너무 천천히 일어나면 어색하다. 허리를 숙인 다음 잠깐 쉬었다 바로 일어나자. 보통례는 우리가 가장 많이 하는 인사로 상대방에게 정식으로 인사를 할 때, 손님을 맞이할 때, 거래처 등 사회 활동에서 보편적으로 처음 인사를 나눌 때, 대중 스피치를 위해 앞에 나와 사람들에게 처음 인사할 때 주로 사용된다.

청중에게 인사하는 마지막 방법은 정중례가 있다. 정중례는 45도 정도 상체를 굽혀서 하는 인사로, 집안의 웃어른이나 존경하는 분 또는 의식에서 하는 정중한 인사다. 그러므로 아무한테나 하면 실례가 된다.

정중례는 똑바로 선 자세에서 발뒤꿈치를 모으고 상대방의 가슴 부분에 시선을 집중한 후에 조용히 상체를 45도쯤 굽혀야 한다. 시선은 머리를 숙인 자세에서 90도쯤이면 되고 두 손바닥은 무릎 옆에 닿게 한다. 상체를 굽히고 있는 시간은 한 번 숨을 들이쉬는 정도이며, 다음번 숨을 다시 들이쉬면서 천천히 상체를 일으키고 상대방에게 경의를 표시한다. 이때 상대방에게 너무 가까이 서지 않도록 주의해야 한다. 정중례는 감사 또는 사과를 표시할 때, 혹은 부모님 또는 스승을 만났을 때 사용된다.

스피치를 할 때는 보통례를 하는 경우가 많다. 목례는 너무 가볍고 정중례는 너무 무겁기 때문이다. 인사는 말과 행동으로 이루어져 있다. 먼저 말을 하고 행동을 해야 한다. "안녕하세요. 임유정입니다."라고 말로 사람들의 시선을 끈 뒤 인사를 해야 격식에 맞는다. 거울을 보고 인사를 연습해보자. 인사를 할 때 머리와 등, 허리가 일직선으로 숙여야 한다. 시선은 바닥을 향해야 한다는 것도 잊지 말자.

■ ■ ■ 마이크를 잡는 자세도 중요하다

스피치를 할 때 마이크를 잡는 자세도 중요하다. 가끔 모임에서 마이크를 잡고 말을 할 때 마이크 잡는 방법에 서툰 분들을 볼 수 있다. 가수가 노래를 부르기 전에 마이크 테스트를 하는 것처럼 앞에 나와 마이크를 잡을 때도 마이크에 전원이 들어와 있는지, 마이크 볼륨은 어떤지 미리 확인하는 것이 필요하다. 만약 이를 준비할 시간이 없다면 말을 하기 전이라도 반드시 마이크를 확인해야 한다.

말을 하기 전 마이크 음성 테스트를 할 때 너무 바람 소리를 "후후~" 하고 불거나 "아아~" 하고 시끄럽게 소리를 내는 것보다는 마이크의 on/off를 확인한 다음 "후~" 하고 조심스럽게 숨을 내보내주자. 만약 공식 장소에서 사회를 본다면 "아아, 마이크 테스트, 마이크 테스트 중입니다."라고 말을 해주는 것이 좋다.

서 있는 자세에서 마이크를 잡을 때 주의할 점이 있다. 마이크 헤드 부분을 잡지 말고, 보디(몸체) 부분을 잡으라는 것이다. 마이크 중간에서 헤드 부분에 살짝 걸쳐 잡아주는 것이 좋으며, 말할 때는 헤드 부분이 입에 닿지 않도록 주의한다. 이것은 위생에도 좋지 않을 뿐만 아니라 너무 울림이 강해져 청중에게 전달력이 떨어질 수 있기 때문이다.

마이크를 잡는 손가락은 가지런한 모습이 좋다. 이때 새끼손가락을 위로 향하게 해서 마이크를 잡는 사람들이 있는데, 그냥 가지런히 손가락으로 마이크를 감싸주자. 마이크를 잡고 말할 때 파열음(ㅍ, ㅋ, ㅌ)을 발음할 경우에는 입을 가까이 대지 않는 것이 좋다.

마이크가 연단에 있을 경우 자신의 키 높이와 입술 위치를 맞추는 것이 중요하다. 말을 하다가 연단 위에 있는 마이크를 옮기는 것은 연사를 부산스러워 보이게 한다. 마이크에 줄이 연결되어 있는 경우 마이크 줄을 동글게 말아 일명 노래방 마이크처럼 잡는 것도 보기 좋지 않다. 마이크는 일자가 되게 잡고 잡기 편한 손에 쥐면 된다.

마이크를 잡지 않은 다른 손은 적절하게 제스처를 해주는 것이 중요하다. 만약 마이크를 잡은 손이 너무 떨려 마이크 끝이 떨리는 것이 보인다면, 양손을 모아 잡아도 된다. 이때 중요한 것은 마이크를 잡은 팔과 다른 쪽 팔이 몸에 너무 붙지 않게 하는 것이다. 너무 붙어 있으면 연사가 긴장되어 보인다. 팔과 몸이 적절하게 떨어져 있어야 프로페셔널하게 보인다.

행사 진행에서 누군가를 인터뷰할 때 상대방의 말을 들을 때는 마이크를 완전히 그 사람에게 넘겨줘서는 절대로 안 된다. 마이크는 말의 주도권이 있는 사람한테 있어야 한다. 중간에 그 사람이 마이크를 뺏으려고 해도 절대 뺏겨서는 안 된다. 마이크 헤드만 그 사람을 향하게 하고, 내가 중간에 다시 질문을 하거나 말을 할 때는 다시 내 입에 마이크를 대야 한다. 중간에 내가 말할 때 마이크를 내 입으로 가져오지 않아 내 말이 안 들리게 되는 경우가 종종 있기 때문이다.

■ ■ ■　말할 때의 자세, 이렇게 하면 된다

스피치를 할 때의 자세는 어때야 할까? 말을 할 때 양다리가 지나치게 붙어 있으면 움직이기 불편해져 더욱 긴장되는 경우가 있다. 공식적인 행사를 진행할 때는 격식 있는 자세가 필요하다. 하지만 강의를 하거나 자기소개를 할 때는 편하게 다리를 어깨너비로 벌려도 괜찮다.

말을 하면서 다리를 양쪽으로 습관적으로 움직이는 사람들이 있다. 어떤 제스처를 반복적으로 계속한다는 것은 연사가 불안해한다는 것을 보여주는 증거다. 어느 한쪽 다리에 무게 중심을 실어서는 안 된다. 그러면 자세가 바르지 않아 보이기 때문이다. 말을 할 때는 청중을 향해 앞으로 나갔다 다시 원래 위치로 오거나 하는 등의 다리 제스처를 통해 사람들의 시선을 끌어야 한다.

제스처에도 원칙이 있다. 첫 번째 원칙은 크게 하는 것이다. 내 앞에 있는 청중을 감싸 안을 정도로 크게 해야 한다. 물론 청중이 한 명이라면 크게 할 필요는 없다. 하지만 앞에 청중이 20~30명이라면 이들을 팔로 껴안을 정도로 크게 해야 한다.

두 번째 원칙은 엣지 있게 표현하는 것이다. 특히 어떤 방향을 가리킬 때는 손바닥을 쫙 펴서 손을 화살표라고 생각하고 과감하게 제스처를 해줘야 한다.

제스처 원칙의 마지막은 '동그랗게 하라'다. 사실 목소리와 제스처는 짝꿍이다. 목소리에 힘이 생기면 제스처에도 힘이 생긴다. 반대로 목소리가 작고 힘이 없으면 제스처에도 힘이 실리지 않는다. 목소리가 좋은 사람들은 말투 자체가 동그랗다. 소리가 과감하게 나가면서도 다시 들어오기 때문에 자신감 있으면서도 상대방을 배려하는 것처럼 들린다. 이들의 제스처도 자세히 보면 목소리처럼 동그랗다.

또 동시에 팔의 모양은 'L'자를 유지한다. TV에 나오는 기상 캐스터들의 제스처를 보면 대부분 팔을 L자로 구부린 모습을 볼 수 있을 것이다. 훨씬 각이 살아 있어 보이기 때문이다. 특히 요즘은 기자들이 현장 리포팅만 하는 것이 아니라 스튜디오에서 전체 몸을 드러내며 CG를 표현하는 경우가 많다. 그러므로 단순히 TV 뉴스만 보기보다는 아나운서와 기자, 쇼핑호스트, 프레젠터들이 어떻게 제스처를 하는지 살펴보자.

말을 할 때의 자세 중 시선도 중요하다. 시선은 청중이 앉아 있는 구역을 2~3개 구역으로 나눠, 도장을 찍듯이 고개를 끄덕이며 말하자. Z자 모양으로 시선을 위에서 아래로, 아래에서 위로 올리는 것이 좋다. 만약 발표가 처음이라 너무 긴장된다면 나를 향해 웃고 있는 사람의 얼굴을 보면 긴장이 풀린다.

■ ■ ■

누구나 스피치를 두려워한다. 만약 두렵지 않다면 그것은 '잘하고 싶지 않아서'다. 다시 말해서 잘하고 싶은 마음이 없으면 스피치는 두렵지 않다. 하지만 상사에게 인정받고 자신감 있는 사람으로 보이고 싶으면 누구나 스피치가 떨리고 두려울 수밖에 없다. 미국의 유명한 토크쇼 진행자 딕 카베트는 녹화할 때마다 공포가 밀려온다고 말했다. 하지만 자신이 느끼는 공포는 관중이 잘 알아채지 못하고, 관중이 느끼는 공포는 8분의 1밖에 되지 않는다며 자신감을 갖고 스피치를 하라고 독려한다.

예전에 한 TV 연말 대상 시상식에서 어떤 개그맨이 오프닝 멘트를 한 것을 본 적이 있다. 순발력과 애드리브가 뛰어난 모 개그맨이 시상식에 나와 멘트를 하는데 표정과 목소리에는 자신감이 묻어났지만 손은 바들바들 떨고 있는 것이 아닌가? 매일 같이 방송에 나와 말을 하는 명MC도 떤다. 그런데 어찌 가끔 스피치를 하는 우리가 떨지 않고 말을 할 수 있겠는가? 그건 욕심이 아닐까?

누군가가 나에게 물었다. "어떻게 그렇게 떨지 않고 방송을 하시죠?" 떨림을 잠재우는 방법이 있다. 첫째는 '무시하기'다. 철저히 청중을 무시하는 것이다. 여기서 무시한다는 것은 멸시한다는 뜻이 아니라 '청중은 아무것도 모른다. 나만 안다.'라는 생각으로 자신감을 갖는 것이다.

둘째는 '인정하기'다. 떨림을 감추는 것이 아니라 인정하는 것이다. 또한 그것을 청중에게 솔직하게 고백하는 것이다. "정말 많이 떨리네요. 제게 박수 한 번 쳐주십시오." 그런데 '인정하기'는 자칫하면 청중의 불안을 조성할 수 있다. 또 그렇게 말하고 나서도 떨면 청중이 외면할 수도 있다. 청중들이 박수를 쳐주면 그 에너지에 힘을 얻어 스피치를 해야 한다.

셋째는 '관심 표현하기'다. 말 그대로 청중에게 관심을 표현하는 것이다. 첫 단추가 중요하듯 우리의 스피치도 오프닝이 중요하다. 오프닝에서 청중과 아이스 브레이킹을 할 수 있는 도구를 이용해 안면을 트는 것이다.

마지막으로 떨림을 잠재우는 도구는 바로 '외면하기'다. 떨리는 심장을 외면하는 것이다. "떨리냐? 그래 떨어… 그래도 오늘 나는 내가 하려고 하는 것을 하련다."라고 나 자신에게 말하는 것이다.

마지막 방법은 내가 제일 많이 사용하는 방법이다. 떨리는 심장을 향해 한마디 말을 던진다. "떨리든지 말든지…." 그러면 어느샌가 심장이 잠잠해짐을 느낀다. "임유정 원장도 말할 때 떨리나?"라고 말하는 독자가 있을 것이다. 다시 말하지만 잘하고 싶으면 떨린다. 하지만 잘하고 싶지 않으면 안 떨린다. 난 스피치를 잘하고 싶다. 그래서 오늘도 떨린다.

 체크 포인트

- 연사는 적절한 보디랭귀지로 청중의 관심을 끌어내 메시지를 전달해야 한다.
- 제대로 된 인사와 적절한 마이크를 잡는 법은 청중에게 연사에 대한 좋은 인상을 남긴다.
- 큰 동작, 엣지 있는 표현, 과감함은 청중을 사로잡는 좋은 보디랭귀지다.

CHAPTER 7

O-B-C 플롯_
논리적인
스피치를 하라

• • •

스피치의 논리적인 틀은 O-B-C, 바로 'Opening-Body-Closing'이다.
이 O-B-C 틀을 통해 스피치에 논리를 더할 수 있다.

　　"어떻게 말해야 할지 감이 잡히질 않아요." "정말 머
릿속이 하얘집니다." "말은 도대체 어떻게 해야 하는 건가요?"
　　말하는 것에 대한 두려움을 털어놓는 분이 많다. 사실 우리가 스
피치에 대해 갖는 두려움은 무지(無知)에서 오는 경우가 많다. 죽음
을, 어둠을 두려워하는 것은 그 속에서 무슨 일이 일어날지 모르기
때문이다. 말도 마찬가지다. 말이 어떻게 생겼는지, 성격은 어떤지,
어떻게 친해져야 하는지 알면 더 이상 두렵지 않을 것이다.
　　스피치에 대한 두려움이 생기는 원인은 전반적으로 '불확실성'
때문이다. 이 불확실성은 크게 4가지로 나눌 수 있다. 첫 번째는 연
사로서의 불확실성이다. 사람들은 스피치를 하는 것보다 듣는 것
에 더욱 익숙하다. 그래서 머리부터 발끝까지 내 몸 전체를 사람들
에게 드러내며 스피치를 한다는 것이 너무 낯설고 두려운 것이다.

두 번째는 말하기 능력의 불확실성이다. '내가 과연 말을 잘할 수 있을까? 무대에 서본 경험도 별로 없는데?' 하며 자기 자신을 믿지 못하기 때문에 생기는 공포다. 세 번째는 바로 아이디어에 대한 불확실성이다. 보통 사람들은 말하는 사람이 말할 주제에 대해 전문가일 것이라 기대한다. 이런 기대 때문에 스스로가 스피치 콘텐츠에 자신감이 없으면 스스로 불안해지는 것이다. 넷째는 평가에 대한 불확실성이다. 만약 발표가 흥미가 목적이 아닌 평가를 받는 PT라면 더욱 긴장된다.

이러한 두려움을 이기기 위해서는 스피치에 안전벨트를 매야 한다. 그 안전벨트는 바로 준비하고 또 준비하는 것이다. 인공위성에서 아래를 내려다보면 세상이 어떤 흐름으로 이어져 있는지 한눈에 보일 것이다. 스피치도 마찬가지다. 내가 할 스피치를 전체적으로 한번 조명해보는 것이다. 그런 다음 세부 사항들을 챙기다 보면 콘텐츠에 대한 확실한 준비로 자신감이 생기게 된다.

그럼 스피치 전체에 어떤 논리적인 틀을 입히면 좋을까? 그것은 바로 O-B-C다. O-B-C에서 O는 오프닝(Opening)을 말한다. 오프닝은 글로 치면 서론에 해당한다. 사람들은 발표할 때 서론을 생각하지 않고 바로 본론으로 들어가는 경우가 많다. 하지만 명심하라. 발표의 1단계는 서론이다. 반드시 서론으로 시작해야 논리적으로 말한다고 할 수 있다.

■■■ 오프닝에서 관심을 끌어야 한다

청중 앞에 나가 입을 열기 직전에 머릿속에 '청중에게 다가갈 수 있는 부드럽고 자연스러운 오프닝이 필요한데….'라는 생각이 스친다. 하지만 너무 늦어버렸다. 이미 스피치는 시작되었고, 청중들은 나를 바라보고 있고, 나는 긴장했고, 그런데 오프닝은 미리 준비하지 않았고…. 이렇게 되면 바로 본론으로 들어갈 수밖에 없다. 그러면 청중과 아이스 브레이킹(얼음 깨기)을 하지 않아 긴장은 여전히 남아 있는 상태다. 당연히 스피치는 실패할 가능성이 크다.

긴장은 스피치의 가장 큰 적이다. 그런데 이 긴장은 연사와 청중 모두 다 갖고 있다. 말을 하는 연사는 잘해야 한다는 생각에 긴장한다. 청중들은 오늘 말을 할 연사가 준비는 잘했을지, 지루하지는 않을지, 무슨 내용일지 궁금해하며 긴장한다. 그런데 중요한 것은 긴장의 정도다. 연사와 청중 중 누가 더 긴장할까? 당연히 연사다. 연사의 긴장도는 청중과 비교가 되지 않을 정도로 크다.

그럼 서론에서 아이스 브레이킹을 시도해 공간의 긴장을 깨야 하는 것은 누구일까? 맞다. 바로 연사다. 그런데 대부분의 연사는 귀찮다는 이유로, '잘되겠지'라는 안일한 생각으로 서론 혹은 인트로를 준비하지 않아 긴장감을 안고 스피치를 시작한다. 이러면 안 된다. 너무 긴장한 연사가 스피치를 실패할 수도 있기 때문이다.

서론은 스피치의 첫 단추다. 첫 단추를 어떻게 끼우느냐에 따라 스피치의 분위기가 달라진다. 얼마 전 ○○협회에서 회장 선거가 있었다. 상대 후보 진영에서 A후보가 전문 경영인이 아닌 꽃집 아줌마 출신이라며 후보를 비하했다. 그러자 이 후보가 "여러분 안녕하세요. 다른 후보 진영에서 저를 '꽃집 아줌마'라고 한다죠? 네, 맞습니다. 저 꽃집 아줌마입니다. 그런데 요즘 들어 제가 꽃집을 했던 것이 참 다행이라는 생각이 듭니다. 쌀집 등 다른 아줌마도 아니고 예쁜 꽃집 아줌마라고 불리니까요." 하면서 오프닝을 했다. 그랬더니 사람들이 웃었고 자연스럽게 자신이 말하고자 하는 바를 전달할 수 있었다.

서론은 반드시 사람들의 '관심'을 끌어야 한다. 관심을 끌 수 있는 질문과 에피소드를 미리 준비해 청중과 하나가 되어 스피치를 시작해야 한다. 그럼 이토록 중요한 서론을 준비하는 방법에는 어떤 것들이 있을까?

청중에게 질문을 하라

청중은 크게 세 종류가 있다. 자발적 청중, 의무적 청중, 무관심 청중이다. 첫 번째 자발적 청중은 스스로 원해서 발표에 참석한 것이다. 이럴 경우 발표 내용을 듣는 것에 굉장히 적극적이다. 두 번째 의무적 청중은 누군가에 의해 참여를 하긴 했지만, 어떤 이유에서든 의무적으로 발표를 듣는 사람들이다. 마지막 세 번째 무관심 청중은 관심도 의무도 없는 청중이다.

　서론에서 관심을 잘 끌면 의무적 청중과 무관심 청중을 자발적 청중으로 만들 수 있다. 이때 청중의 관심을 끌기 위한 요법이 있다. 바로 청중에게 질문을 하는 것이다.

> **예** 여러분~ 오늘 오시는 길은 막히지 않았나요? 점심은 맛있게 드셨습니까? 여러분은 어떤 사람에게 호감을 느끼세요? 여러분은 유재석과 박명수 가운데 누가 더 좋습니까?

　질문은 크게 2가지 종류가 있다. 하나는 참여식 질문이고, 또 하나는 수사식 질문이다. 첫 번째 참여형은 말 그대로 O, X를 요구하는 질문이다. 그런데 사람들은 참여형 질문을 그다지 좋아하지 않는다. 자신의 모습을 드러내는 데 부담을 느끼기 때문이다. 이럴 경우 청중들이 오히려 질문에 부담을 느낄 수 있다. 두 번째 수사적 질문은 특정한 답을 요구하는 질문이 아니다. 자기 스스로 한번 생각을 해보라고 던지는 질문이다.

> **예** 여러분, 오늘 아침 식사하고 온 분 손들어보세요! 유재석을 더 좋아하신다는 분이 어떤 분이죠? (참여형 질문)
> 여러분~ 오늘 기분 어떠세요? '비가 오니까 우울하다'라고 생각한 분 많이 계시죠? (수사형 질문)

에피소드를 넣어 말하라

오프닝에서 관심을 끄는 두 번째 방법은 에피소드를 넣어 말하는 것이다. 보통 사람들은 말하는 연사에 대해 궁금해한다. 우리가 연예인의 사생활에 대해 궁금해하는 것과 비슷하다. 공식적인 틀에 맞춰서 말을 하면 공식적으로만 연사를 생각하지만, 이야기에 소프트한 자신의 에피소드를 노출시키면 마치 내가 아는 사람처럼 느껴져 의무적으로 스피치를 듣게 되는 것이다. 그럼 발표할 때는 어떻게 에피소드를 말하는 것이 좋을까? 다음의 3가지 방법을 참고해보자.

첫째, 먼저 내 관심사가 무엇인지 살펴보라. 내가 가장 관심이 있고 잘 아는 것에 대해 이야기하는 것이 중요하다. 주제에 대해 내가 얼마나 관심이 있는지, 내가 이 주제에 대해 얼마만큼 알고 있는지(사전 정보), 내가 이 주제에 대해 얼마나 열정적으로 말할 수 있는지 살펴보는 것이다. 그런데 이 3가지를 모두 가진 에피소드가 있다. 바로 '경험담 에피소드'다. 내가 경험한 것은 내 몸으로 느낀 것이기에 잘 알고 더욱 열정을 불어넣어 말할 수 있다.

둘째, 청중의 관심사를 고려하라. 무조건 내가 관심 있다고 해서 남도 관심이 있는 것은 아니다. 예를 들어 내가 왕년에 잘나갔던 이야기는 나만 관심 있는 에피소드다. 중년에도 열심히 자신의 일을 하는 분들은 "왕년에 내가 말이야…"라는 이야기보다는 현재 이야기를 더 많이 하신다. 왕년에 자신에게 여자가 줄을 섰다는 이야기, 집에 황금 송아지가 몇 마리가 있었다는 이야기에 청중은 별로 관심이 없다. 그러니 어떤 이야기를 할 때는 이 이야기가 청중에게 적절한지, 청중들이 이 에피소드에 관심을 가질지를 고려하면서 말해야 한다.

셋째, 시간을 고려하라. 간혹 발표를 할 수 있는 시간이 별로 없는데 서론을 해야 한다는 생각에 너무 사로잡혀 서론 에피소드에 긴 시간을 할애하는 사람들이 많다. 사실 서론은 미끼 던지기다. 진짜 물고기를 낚아채는 것은 본론이다. 그러므로 전체 스피치 시간 가운데 80~90%는 본론에 투자하라. 그다음에 나머지 5~10%를 서론에, 또 나머지 5~10%를 결론에 투자하는 것이다.

■ ■ ■ 오프닝에서 연사의 공신력을 제고하라

오프닝에서는 연사의 공신력이 제고되어야 한다. 사람들은 기본적으로 정보가 들어 있는 스피치를 좋아한다. 그래서 연사가 특정 주제에 대해 말할 수 있는 자격이 있으면 그 스피치를 더욱 신뢰하게 된다.

예전에 상상력에 관한 강의를 들은 적이 있었다. 강의가 조금 지루하게 진행되어 '언제 끝나지?'란 생각을 강의 내내 했다. 그런데 이게 웬일인가? 강의 맨 마지막 장 PPT에 내가 정말 좋아하는 책의 이미지가 들어 있는 것 아닌가? 강사분이 바로 그 책의 저자였던 것이다.

강의가 다 끝나고 나서야 땅을 치고 후회했다. 강사분이 그 책의 저자인 것을 진작 알았더라면 더욱 집중해서 강의를 들었을 텐데 말이다. 사람들은 연사가 바른 사람, 바른 생각을 가지고 사는 사람이길 바란다. 그러므로 연사는 자신이 그 분야의 전문가로 보이도록 시간을 할애해, 스피치가 들을 만한 가치가 있다는 생각이 들도록 해야 한다.

연사가 매력적으로 보이기 위해서는 크게 능력, 열정, 친근감, 이 3가지가 필요하다. 오프닝에 이 3가지 모습을 보여줘야 사람들이 스피치에 집중한다.

세계적인 컨설팅 회사 맥킨지는 서론에는 반드시 PIP가 들어가 있어야 한다고 말했다. 첫 번째 P는 목적(Purpose)이다. 내가 발표를 하는 목적을 말한다. 예를 들어 오늘 내가 다이어트를 하는 방법에 관해 스피치를 한다고 했을 때는 '다이어트를 하는 방법에 대해 청중에게 알려주겠다.'라는 것이 바로 목적이다.

두 번째는 중요성(Importance)이다. 내가 왜 지금 이 발표를 하는지, 청중이 왜 지금 이 스피치를 들어야 하는지 그 이유에 대해 설명해주는 것이다. 홈쇼핑의 쇼핑호스트들은 방송 준비를 할 때 이 중요성에 가장 많은 시간을 할애한다. 지금 나한테 이 상품이 왜 필요한지를 구체적으로 말해주는 것이 청중의 관심을 이끌어 내는

데 아주 중요하다.

마지막 세 번째 P는 미리보기(Preview)다. 이 미리보기는 청중에게 오늘 내가 무슨 말을 어떻게 할 것인지 미리 알려주는 것이다.

> **예** ・ 목적: 오늘의 목적은 프레젠테이션으로 인한 신경과민을 극복하는 데 도움이 되는 방안을 제시하는 것입니다.
> ・ 중요도: 지금이 가장 적절한 때다. 당신은 다음 주 회의 시간에 프레젠테이션을 하라는 지시를 받았기 때문이다.
> ・ 미리보기: 이제 우리는 성공적인 프레젠테이션을 위한 각 단계에 대해 논의할 것이다.

서론에서 PIP에 대해 말해줬다면 다음 리드멘트로 본론으로 넘어가면 좋다.

> **예** 자, 그럼 지금부터 시작할까요?
> 자, 이제부터 본격적으로 설명해드리겠습니다.
> 자, 그럼 이것부터 소개해드릴까요?

어떤가? 앞의 예시 문장처럼 이렇게 본격적인 시작을 알리는 것이다.

■ ■ ■　본론에 반드시 들어가야 할 것들

청중의 관심을 끌며 오프닝을 시작했다면, 이제 정말 시작이다. 본격적으로 내가 준비한 사항을 바탕으로 청중에게 정보를 제공해야 한다. 본론으로 들어가는 것이다. 스피치에 논리적인 틀을 입히는 O-B-C에서 B는 바로 Body, 본론이다. 본론에는 '내용'이 들어가 있어야 한다. 이 내용을 구성하기 위해서는 기본 자료들이 필요하다. 먼저 책을 통해 자료를 얻을 수 있다. 혹은 학술지와 잡지, 신문 등에서 자료들을 찾는 것이다.

본론은 실제 집을 지을 때 땅을 파고 건물을 올리는 단계에 해당한다. 스피치에서도 아주 중요한 단계라고 할 수 있다. 본론의 내용을 구성하는 에피소드를 찾기 위해서는 일단 내가 말하고자 하는 주제에 대해, 얼마나 많은 정보를 알고 있는가를 살펴보는 것이 중요하다.

만약 내가 '스피치를 잘하는 방법'에 대해 잘 알고 있다면, 바로 본론의 핵심 메시지인 '스피치를 잘하기 위해서는 어떻게 해야 한다.'라는 내용이 머릿속에 잘 떠오를 것이다. 하지만 스피치를 잘하는 방법에 대해 아는 정보가 없다면, 세부 에피소드를 모으는 작업부터 해야 한다.

본론의 폴더를 만들 때는 다음의 유형이 있다. 첫째는 시간의 순서에 따른 조직이다. 예를 들어 공장의 공사를 어떻게 진행할 것인가에 대한 발표를 한다면, 언제까지 무엇을 하고 언제 공사가 끝나는지 연대기적으로 표시해주는 것이다. 둘째는 공간의 변화에 따른 조직이다. 만약 서울에서 부산까지 어디를 거쳐 가는지에 대해 말한다면, 공간의 거리 변화에 따른 내용을 전달해주면 된다. 셋째는 주제에 관한 이야기다. 보통 사람들에게 호감을 형성하는 것들이 있다. 유유상종, 물리적 근접성, 외모가 그것이다. 이 호감을 주는 것들을 주제에 관련된 세부 주제로 연결해 구조화시키는 것이다. 넷째는 인과 관계다. 예를 들어보자. 우리 회사에 경영혁신이 필요하다. 원인은 경쟁사의 신제품 개발, 시장 완전 개방, 비용 증가 등이다. 이런 원인들이 회사에 어떻게 매출 저하를 불러왔는지 살펴보는 것이다.

■ ■ ■   결론에서는 감동을 줘야 한다

O-B-C 플롯에서 마지막 C는 바로 Closing, 결론이다. 결론은 스피치의 마무리로 사람들에게 '감동'을 줘야 한다. 이것은 심리학 용어인 '최근 효과(Recency effect)'에서 기인한다. 청중들은 가장 최근의 정보를 더 많이 기억한다. 사람들이 앞에서 아무리 재미있는 이야기를 들어도 결론을 더 기억하고 좋아하는 것은 이 '최근 효과' 때문이다. 그래서 스피치 마무리 단계에서는 이 단계가 마무리인 것을 알려주며 다시 한번 긴장을 해서 집중하도록 해야 한다.

명언을 넣어라

결론에서 청중에게 감동을 주는 가장 대표적인 방법은 스피치의 주요 요점을 말하고, 사람들 머릿속에 각인될 명언 한마디를 하는 것이다. 명언이 어려운 것 같지만 평소 책을 읽으면서 눈에 띄는 명언을 메모해두자. 이렇게 명언을 정리해놨다가 스피치의 결론에서 인용하면 훨씬 더 스피치가 훈훈해진다. 사람들은 머리가 아닌

가슴으로 감동을 받아야 실천으로 옮기기 때문에 강연 내용을 사람들이 실천하도록 설득하기 위해서는 반드시 감동을 줘야 한다.

명언을 수집하는 가장 좋은 방법은 평소 책을 읽으면서 메모하는 습관을 기르는 것이다. 또 요즘은 스마트폰에 있는 녹음 기능과 노트 기능, 또는 카메라 기능을 잘 활용할 수도 있다. 이런 식으로 다양하게 자료를 남겨두면 꼭 필요할 때 잘 활용할 수 있다.

예전에 어떤 CEO 모임에 갔을 때 자기소개를 하라는 사회자의 말에 사장님들이 주머니에서 주섬주섬 메모장을 꺼내는 것을 본 적이 있다. 그냥 대충하는 스피치는 절대 하지 말자. 사람들은 뭐든지 새로운 정보가 있는 이야기를 좋아한다. 기존에 알고 있고, 머릿속에 남아 있는 명언을 이용해 마지막 갈무리를 잘해보자.

> **예** 여러분! 그리스 시라쿠사에 가면 한 동상이 있습니다. 그 동상 앞 머리에는 머리숱이 많고, 뒤는 대머리이며, 다리에는 날개가 달려 있다고 합니다. 그 동상의 제목은 바로 〈기회〉입니다. 여러분! 기회가 왔을 때는 머리숱이 많아 잡으려고 하면 얼마든지 잡을 수 있다고 합니다. 하지만 '다음에 잡아야지.' 하고 기회를 보내버리면 뒤는 대머리라 잡을 수 없습니다. 또한 잡을까 말까 망설이는 사이에 날개로 재빨리 도망가버리기 때문에 기회가 왔을 때는 주저하지 말고 잡아야 하는 거죠. 여러분! 오늘 우리가 배운 사항들을 잊지 마시고, 언제라도 다시 기회가 오면 꼭 잡으시길 바랍니다.

이 예시 멘트는 내가 외부강의를 할 때 자주 쓰는 명언이다. 정말 그렇지 않은가? 기회라는 것은 매번 주어지지 않는 것 같지만, 우리는 하루에도 몇 번씩 작은 기회를 만든다. 성공한 사람들은 작은

 스피치 개요서

- 목적: 날씨 아주 쌀쌀. 얼큰한 김치찌개 생각. 하지만 맛있게 김치찌개를 끓이는 방법을 잘 모른다. 김치찌개를 맛있게 끓일 수는 없을까?
- 중요도: 오늘 나의 발표는 아주 중요하다. 김치찌개는 음식계의 교과서, 이걸 못하면 인정 못 받는다.
- 미리보기: 자, 그렇다면 어떻게 하면 맛있게 김치찌개를 끓일 수 있을까? 김치찌개 맛있게 끓이는 방법과 더불어 김치찌개 맛있게 먹는 방법을 소개하겠다.

[본론]
자, 먼저 김치찌개를 맛있게 끓이는 방법에 대해 알려드리죠.
자, 그럼 김치찌개를 끓였으니 맛있게 먹는 방법도 알려드리죠!

[결론]
자, 제가 오늘 김치찌개에 대한 모든 것을 알려드렸습니다.
오늘은 신나는 주말 김치찌개 파티 한 번 어떨까요?
스트레스 팍팍 푸세요!

기회를 잡아 큰 기회로 만드는 능력이 있는 사람들이다. 만약 여러분이 이 명언을 읽으면서 감동을 받았다면 따로 적어놓는 것을 잊지 마라. 지금 당장 펜을 들거나 스마트폰을 꺼내자.

처음 메시지를 다시 한번 전하라

스피치를 할 때 사람들이 가장 집중하는 순간이 언제일까? 바로 처음 3분, 마지막 3분이다. 이 시간을 절대 놓쳐서는 안 된다. 본론에서 말했던 내용을 결론에서 다시 한번 정리해줌으로써, 내가 오늘 어떤 내용에 대해 들었고, 배웠는지 환기시켜주는 것이다. 또 본론을 조금 산만하게 진행했다면 결론에서 다시 한번 정리해 논리적인 스피치였다는 느낌을 청중에게 줄 수도 있다.

> **예** 오늘 우리는 어떻게 하면 스피치를 잘할 수 있는지에 대한 공부를 한다고 했습니다. 그래서 스피치를 잘하는 3가지 방법에 대해 학습했죠. 스피치를 잘하는 방법 첫째는 논리, 둘째는 보이스, 셋째는 보디랭귀지였습니다.

우리도 할 수 있다고 말하라

홈쇼핑 쇼핑호스트들이 가장 많이 사용하는 문장이 있다. 예를 들어 '매진 임박' '주문 전화 많습니다.' '자동 주문 전화를 이용하세요.'라는 말이다. 이 말들 못지않게 많이 쓰는 단어가 있다면 바로

'우리'라는 단어일 것이다. "우리 한번 다이어트를 해보자고요." "우리 한번 맛있게 먹어보자고요." 사람들은 '우리'라는 단어에 행복함과 포근함을 느낀다. 그래서 마지막에 '우리'라는 단어를 넣어서 스피치를 끝내면 큰 감동을 받게 된다. 또한 '우리'라는 단어를 통해 내가 본론에서 말한 내용을 실천할 수 있는 에너지를 얻는다.

> **예** 여러분 우리도 얼마든지 경쟁사를 이길 수 있습니다. 이렇게 변화를 위해 꾸준히 노력한다면 우리의 열정이 고스란히 매출로 이어질 수 있습니다. 우리 모두 힘을 내봅시다. 아직 시작도 하지 않았습니다. 오늘 제 발표를 통해 우리가 더욱더 열정을 다하면 좋겠습니다. 우리도 할 수 있습니다!

청중에게 감사하라

아무리 좋은 내용이라도 10분 이상 넘어가는 스피치에 집중하기란 쉽지 않은 일이다. 사실 스피치는 잘하기만 하면 말을 듣는 사람보다 말하는 사람이 훨씬 더 재미있게 즐길 수 있는 놀이다. 그러므로 내 스피치를 끝까지 들어준 청중에게 감사함을 표해야 한다. 그러면 사람들은 자신이 한 행동에 대해 보상받는다는 느낌이 들기 때문에 더욱 감동을 느낀다. 마지막은 청중을 향해 감사한 마음을 전하는 멘트로 마무리해보자.

예 여러분! 여러분은 오늘 최고의 청중이었습니다. 발표하는 내내 한 분도 흐트러짐 없이 저의 발표 내용을 경청해주셨습니다. "최고의 연사는 최고의 청중이 만든다."라는 말이 있습니다. 오늘 저를 최고의 좋은 연사로 만들어주셔서 정말 감사합니다.

■ ■ ■

사람들은 논리적으로 말한다는 것이 참 어렵다고 생각한다. 하지만 '생각보다 어렵지 않다!' 논리의 기본 틀인 O-B-C를 기억하면 된다. '서론은 사람들에게 관심을, 본론은 내용을 충실하게, 결론은 감동을 준다.'라는 이 사실만 머릿속에 새겨두면 기억에 남으면서도 심플하고 재미있는 스피치를 할 수 있다.

"지치면 지지만, 미치면 이길 수 있다."라는 말이 있다. 어떤 사람들은 아직 제대로 시작하지도 않았는데도 벌써 지친다. 그렇지만 아직 우리는 겨우 이 책의 절반 언저리에 들어와 있다. 아직 스피치에 대해 제대로 시작하지도 않았는데 벌써부터 '머리 아파…'라고 생각하는 독자가 있으면 안 된다.

열정이 없는 사람들이 실패하는 것이 아니다. 실패하는 사람들도 처음에는 열정이 있었다. 다만 시간이 지날수록 그 열정이 식어서 실패하는 것이다. 반면에 성공한 사람들은 열정의 시간을 길게 지속시켰기 때문에 성공한 것이다.

자, 이제 시작이다. "시작이 반이다."라는 말처럼 논리적으로 말하기도 이 O-B-C만 확실하게 머릿속에 정립되어 있다면 할 수 있다. 거의 절반은 다 온 것이다. 그러니 우리 힘내서 더욱 열심히 스피치에 대한 도전을 즐겨보자.

체크 포인트

- 질문, 에피소드, 연사의 공신력을 통해 스피치 오프닝부터 청중의 관심을 끌어라.
- 스피치의 본론은 시간의 순서, 공간의 변화, 주제 등에 따라 이야기를 전개하라.
- 명언, 메시지, 감사 인사 등 다양한 수단을 동원해 결론에서 감동을 줘라.

CHAPTER 8

에피소드 플롯_
다양한 에피소드로
스토리텔링하라

• • •

스토리텔링은 단순한 사실 전달이 아니라 다양한 에피소드를
재미있고 설득력 있게 스토리를 넣어 전달하는 것이다.

"왜 쇼핑호스트를 그만두고 스피치 아카데미를 개원하게 되신 거예요?"라고 내게 묻는 분들이 많다. 그래서 나는 "그냥 그렇게 됐어요."라고 말하는 대신 "갈치와 김치, 이 두 사건 때문에 그만뒀어요."라고 대답한다.

나는 GS홈쇼핑 쇼핑호스트 선발대회 출신이다. 심사 위원 앞에서 PT를 하고 상을 탄 다음에야 비로소 쇼핑호스트가 될 수 있는 시험을 치렀다. 이렇게 힘든 시험을 거치고 나서 합격한 쇼핑호스트를 왜 그만두었는지 많이들 궁금해하는데 바로 갈치와 김치, 이 2가지 사건 때문이었다.

먼저 '갈치 사건'은 제주도 은갈치를 판매했을 때였다. 선배와 함께 방송에 들어갔는데 그날따라 PD가 방송 전에 나를 따로 불러 "이번 방송 정말 중요해. 그러니까 유정 씨가 들고 흔들어(?) 줬으면 좋겠어."라고 말하는 것이 아닌가?

난 누가 나를 믿으면 절대 실망시키지 않으려고 노력한다. 어렸을 때 삼 남매 중에 둘째로 태어나 위아래로 많이 치였던 나로서는 인정이 사랑이라고 느끼는 구석이 많기 때문이다.

PD의 말을 듣고 정말 방송에 들어가 열심히 팔았다. 갈치 한 마리를 직접 손으로 들어서 "어머, 여러분, 이 갈치가 말이에요. 오늘 아침에만 해도 제주도 앞바다를 헤엄치던 싱싱한 갈치예요." 하며 오른손으로는 갈치 머리를 잡고 왼손으로 갈치 꼬리를 마치 헤엄치듯 들고 흔들었다.

방송은 대성공이었다. 그런데 방송이 끝나자마자 함께 방송한 쇼핑호스트 선배가 나에게 화를 내며 가버리는 것이 아닌가? 왜 화가 났냐는 질문에 선배는 "내가 왜 화가 났는지는 네가 방송을 모니터하면서 직접 확인해봐."라는 것이다. 그래서 쇼핑호스트실에 들어와 직접 방송 모니터를 하다 깜짝 놀랐다. 내가 갈치 꼬리로 선배의 얼굴을 계속 때리고 있는 것이 아닌가? 열정이 너무 지나치면 오해를 부른다. '내가 너무 마음이 앞서갔구나! 왜 여유 없이 이렇게 방송을 했을까?'라는 생각이 들었다.

두 번째는 김치 사건이었다. 보통 쇼핑호스트들은 직접 시연을 한다. 김치를 맛있게 자르는 것도 능력이기 때문에 집에서 연습을 하는데 주부가 아니었던 나는 칼질이 많이 서툴렀다. 그런데 밤새 연습을 하는데, 내가 직접 김치를 앞에 두고 자르는 연습을 하는 것이 아니라 김치 방송을 보며 자르는 척 연습을 하고 있지 않은가? 새벽까지 방송 준비를 하면서도 그런 내 모습을 보고 있노라니, '이렇게 김치 하나 직접 잘라보는 열정 없이 쇼핑호스트 일을 한다고? 이건 아니다. 이건 내 길이 아닐 것 같다.'라는 생각이 들었다.

자, 여러분에게 갈치와 김치에 얽힌 내 경험담을 들려드렸다. 이야기를 들으면서 머릿속에 내가 갈치 방송을 진행하고, 김치를 자르는 척 연습하는 것이 눈에 그려지지 않았는가? 이렇게 머릿속에 하나의 이미지, 동영상을 떠오르게 말하는 것이 바로 스토리텔링이다.

■ ■ ■ 공감대를 형성할 수 있는 에피소드

스토리텔링은 단순히 '이야기를 말하다'라는 뜻보다는 '이야기를 재미있게 하는 것'이라는 뜻을 내포하고 있다. 내가 만약 홈쇼핑 쇼핑호스트를 그만두게 된 이유를 "그냥 재미없어서 그만뒀어요."라고 하는 것과 앞에서 말한 2가지 사건을 예를 들어 설명하는 것 중 어느 것이 더 재미있게 느껴지는가? 스토리를 넣어 말하는 것이 더 재미있을 것이다.

그런데 어떤 분들은 이렇게 질문하고는 한다. "한 줄로 끝낼 수 있는데 굳이 이렇게 경험담을 넣어 말해야 하는 건가요?"라고 말이다. 법정스님이나 이외수 작가처럼 한 문장으로 촌철살인할 수 있다면 그것도 좋지만, 한마디의 말로 압축을 하는 것이 쉽지 않다. 기획서 보고나 PT를 할 때는 간결하게 말하는 것이 좋지만, 사람들과 대화할 때는 어느 정도 자신의 에피소드를 말하며, 자기 노출을 통해 상대방과 친해지고자 하는 노력이 필요하다. 뭐든지 '성의'가 중요하다. 말 한마디를 하더라도 성의 있게 상대방을 배려하며 말하는 것이 중요하지 않을까? 이러한 스토리텔링의 스토리를 구성하는 것이 바로 에피소드다.

에피소드를 많이 넣어 말하면 사람들의 기억에 남는 스피치를 할 수 있다. 스피치를 잘하는 명강사들 중에는 1시간 강의 동안 30여 가지가 넘는 에피소드를 푸는 분이 있고, 10개 정도의 에피소드를 길게 풀어 강의하는 분도 있다. 나는 개인적으로 에피소드 1개를 깊게 푸는 것을 좋아한다. 한 가지라도 제대로 전달하는 것이 중요하다고 생각하기 때문이다.

사람들은 공감대를 형성할 수 있는 에피소드를 좋아한다. 그럼 공감을 했다는 말은 무슨 말일까? 우선 첫 번째, '같은 경험'을 했을 경우다. 같은 경험을 한 번이라도 했다면 사람들은 그때 '맞아, 나도 그런 경험을 한 적이 있었는데…'라고 생각하며 공감한다. 예를 들면 이런 식이다. "오늘 PT를 잘했는지 못했는지는 발표가 끝나고 친한 동료의 얼굴을 쳐다보면 알 수 있어요. 만약 그 동료가 나를 선망의 눈빛으로 쳐다보면 오늘 내가 PT를 잘한 것이고, 내

눈을 피한다면 실패한 겁니다." 어떤가? 다들 이런 경험이 한두 번쯤은 있지 않은가?

두 번째, 공감은 바로 '같은 생각'을 한 번이라도 해봤을 때 생긴다. 예를 들어 '월급쟁이 후회의 삼각지대'라는 것이 있는데, 바로 '그때 비트코인을 샀더라면' '그때 집을 샀더라면' '그때 그 주식을 샀더라면'이라고 한다. 직장인을 대상으로 한 강연에서 "다들 이런 생각 해본 적 있지 않으세요?"라고 물어보면 '맞아, 나도 같은 생각을 했었는데!'라고 하면서 서로 공감하게 된다.

그렇다면 공감대를 쉽게 형성할 수 있고, 사람들이 좋아할 만한 에피소드는 무엇이 있을까?

■■■ 전문성에 관련된 에피소드

사람들은 연사의 전문성에 얽힌 에피소드를 좋아한다. 한 달에도 적지 않은 외부강의를 다니는 나로서는 충분히 공감하는 말이다. 강의를 시작할 때 연사인 내가 아나운서와 쇼핑호스트 경력이 있다는 것을 알리고 강의를 하는 것과 그냥 스피치에 관해 이야기할 때 청중의 몰입도는 다르다. 사람들은 연사의 전문성과 관련된 이야기를 듣고 나서야 연사에 대해 신뢰하게 된다.

철학자 아리스토텔레스는 사람을 설득하기 위해서는 에토스

(Ethos)가 있어야 한다고 했다. 여기서 에토스는 연사의 공신력을 말한다. 연사의 자연스러운 몸동작, 적당한 목소리, 따뜻한 눈 맞춤, 자연스러운 표정, 에너지, 열정, 그리고 여기에 연사가 말하는 주제와 얽힌 에피소드 등이 이에 해당된다.

예 안녕하세요. 오늘 여러분에게 스피치에 대한 강의를 할 임유정이라고 합니다. 저는 아나운서와 쇼핑호스트 생활을 했습니다. 아나운서 때는 정확한 발음과 좋은 목소리에 대한 훈련을 했고, 쇼핑호스트 생활을 하면서는 어떻게 사람을 잘 유혹할 수 있는지에 대한 훈련을 했습니다. 오늘 강의 제목이 '아나운서처럼 말하고 쇼핑호스트처럼 유혹하라'입니다. 그동안 제가 방송 생활을 하면서 얻은 노하우를 여러분께 모두 전달해드리겠습니다.

예 저는 현재 기획회사를 운영하고 있습니다. 사업을 한 지는 20여 년이 넘습니다. 오늘 여러분들을 뵈니 저희보다 훨씬 더 큰 회사를 운영하시는 분들이 많아 저절로 머리가 숙어집니다. 우리 회사는 20년 동안 한 번도 상호도 오너도 바뀌지 않은 대한민국 광고 기획의 최장수 기업입니다. 특히 경품 구매 대행에서는 부동의 시장 점유율 1위를 고수하고 있습니다. 매출 규모는 그리 크지 않지만 그래도 열심히 조금씩 성장하는 기업입니다. 앞으로 좋은 인연 맺었으면 좋겠습니다.

예 안녕하세요. 저는 ○○호텔에서 주얼리숍을 운영하고 있습니다. 여러분 12월의 보석이 뭔지 아십니까? 바로 연둣빛의 터키석입니다. 터키석의 의미는 바로 성공, 행운, 친근한 관계입니다. 한 해의 마지막인 12월입니다. 오늘 이 모임을 통해 서로 친근한 관계를 맺어 성공과 행운을 꼭 얻어가셨으면 좋겠습니다.

의사는 병실이나 수술실에 있을 때 가장 멋있다. 화가는 그림을 그릴 때 가장 멋있고, 무용가는 춤을 출 때, 연기자는 연기를 할 때 가장 매력적이다. 만나는 사람들에게 내가 가진 전문성에 얽힌 이야기를 겸손하게만 전달한다면 훨씬 더 사람들의 이목을 집중시키며 말할 수 있을 것이다.

■ ■ ■ 힘들었지만 극복해낸 에피소드

개그맨 김국진이 한 예능 프로그램에서 했던 말이 기억난다. "전 롤러코스터와 같은 인생을 살았어요. 쭉 올라갔다 반대로 쭉 내려갔죠. 하지만 내려갔던 속도에 가속이 붙어 그 힘으로 다시 쭉 올라올 수 있었죠." 이 말을 듣고 많은 사람이 공감했다. 한 번 떨어지면 끝이라고 생각하지만 여기서 용기를 잃지 않고 다시 힘을 내면, 더 큰 행복과 성공을 누릴 수 있다는 말이기 때문이다.

나는 김성오 메가스터디 엠베스트 대표가 쓴『육일약국 갑시다』라는 책을 읽고 큰 감명을 받았다. 육일약국은 기독교인 김성오 대표가 일요일에는 문을 열지 않고 6일만 연다고 해서 육일약국이라는 이름을 지었다고 한다. 김성오 대표는 시골의 조그마한 약국을 알리기 위해 약국 안에 수십 개의 전구를 달아 환하게 비추게 하고, 택시를 타면 무조건 "육일약국으로 갑시다!"라고 외쳤다고 한다. 그랬더니 약국이 동네의 명소가 되더라는 것이다. 성공을 향해 얼마나 집요하게 몰두했는지를 알게 하는 에피소드다.

사람들은 힘들었지만 그 고난을 이겨낸 에피소드에 집중한다. 이러한 에피소드를 통해 자신이 겪은 어려움을 이겨내고 더 앞으로 나갈 힘을 얻는 것이다.

예 저는 말더듬이 심한 아이였습니다. 지금도 친척 어른들은 저를 보면 "유정이는 〈인간극장〉에 나가야 해."라고 말할 정도입니다. 그러다가 우연한 기회에 방송사에 들어와 보니 정말 말을 잘하는 사람이 많더라고요. 그때 이런 생각을 했습니다. '이렇게 말 잘하는 사람이 많다는 것은 나도 그렇게 될 수 있다는 증거가 아닐까?' 저는 그때부터 달걀 노른자에 식초를 타 먹으면 목소리가 좋아질 거라는 선배의 말만 믿고 6개월간 달걀 식초를 마시며 열심히 보이스 트레이닝을 했습니다. 그 결과 당당히 아나운서가 될 수 있었습니다.

예 저는 17년 전 빈대가 출몰하는 자취방에서 그것도 회사 퇴직금 220만 원으로 1인 창업을 시작했어요. 중간에 동업을 했던 친구에게 배신을 당했지만 포기하지 않았습니다. 사실 전 그때 벼랑 끝에 있었지만, 손을 놔버리기엔 아직 제가 하지 못한 일들이 많이 남아 있었습니다. 그렇게 이겨낸 결과 지금은 매출 100억 원의 회사로 성장시킬 수 있었습니다.

예 실업계 최초로 KBS 〈도전 골든벨〉에서 골든벨을 울렸던 김수영 학생을 기억하시나요? 이 학생은 초등학교 때 아버지의 사업이 망해 가정형편이 어려워 나쁜 친구들과 어울리고 5학년 때는 자살을 하려는 마음까지 먹었었다고 합니다. 오토바이 폭주족 생활을 하며 친구들과 패싸움을 해 칼에 찔리기까지 했다고 하는데요. 하지만 정신을 차리고 나서 고등학교 1학년 때 모의고사 400점 만점에 110점을 맞는 열등생이었던 그는 이후 친구들이 쓰다 버린 문제집을 주워서 공부했습니다. 마침내 수능 점수 375점으로 연세대학교 영어영문학과에 입학할 수 있었다고 하네요.

예 저는 어렸을 적 아토피가 굉장히 심했습니다. 아토피가 심하면 화상을 입은 것처럼 온몸에 열이 나고 염증이 나 곪게 됩니다. 항상 제 몸을 씻어주시며 우시던 어머님이 생각납니다. 스테로이드 주사를 하도 맞아서 쇼크가 오기도 했었고, 얼굴은 괴물처럼 변해 사람들과 어울릴 수 없었습니다. 그 후 자연치유법으로 조금씩 나아졌지만 걷는 데 2년, 반팔을 입는 데 5년이 걸렸습니다. 하지만 5년 만에 나와보니 제가 이전에 경험했던 세상과는 너무나 달랐습니다. 전 이방인이었고 사람들은 역시나 저를 피했습니다. 그래도 멈출 수 없었습니다.

예 김연아는 7살 때 피겨스케이팅을 시작했습니다. 하지만 2006년도에 허리 부상을 당하게 되고, 그때쯤 코치와의 불화설 때문에 마음고생이 심했죠. 하지만 브라이언 오서 코치와 만나 올림픽에서 금메달을 딸 수 있었습니다. 그 결과 타임지 선정 세계의 영향력 있는 100인 중 2위에 선정됩니다.

■ ■ ■   소신이나 철학과 관련된 에피소드

절대 "노(NO)!"라고 말하지 않는 백화점이 있다. 1901년 미국 시애틀의 구두 상점으로 시작한 노드스트롬 백화점이다. 어떤 노인이 노드스트롬 매장에 타이어를 반품하러 와서 그것을 환불해준 일화는 정말 유명하다. 왜냐하면 백화점에는 타이어를 아예 판매조차 하지 않기 때문이다. 자신이 팔지도 않은 상품을 환불해주는 이 백화점의 고객 사랑, 정말 대단하지 않은가?

이런 이야기는 서비스 업무를 하는 사람들에게 강하게 기억될 수 있는 에피소드다. 이렇게 누군가의 소신과 철학이 들어 있는 에피소드는 큰 울림을 주기 때문에 사람들이 좋아한다.

> 예 "장군은 전쟁에서 빛이 나고 장사꾼은 불황에서 빛이 난다."라는 말을 굳이 인용하지 않더라도 모든 사업의 실익이나 성패에 대해서 사업가 자신이 책임지는 자세가 필요합니다. 불황을 탓하는 사업가는 이미 그 책임을 제3자나 어떠한 외적인 요인에 전가하고 있는 것입니다. 모든 조직의 수장은 실패의 원인을 자신에게서 찾아 반성할 줄 아는 겸허한 자세가 필요합니다. 바람이 잘 때 바람개비를 돌리는 방법은 손에 들고 뛰는 것입니다. 호랑이처럼 보고 소처럼 가는 기업, 가장 진부한 상호로 가장 진보하는 기업, 노블레스 오블리주를 가장 잘 실천하는 ○○기획이 되겠습니다.

> 예 "인정은 하루아침에 쌓아지는 성이 아닙니다." 저는 한순간에 사람들의 인정을 받아 사장 자리에 오른 것이 아닙니다. 조금씩 한순간 한순간을 진지하게 임하고 고민하며 열정을 다했기 때문에 이 자리에 오를 수 있었습니다. 사실 참 힘든 순간도 많았습니다. 처음 맡았던 임무에서 100명의 직원을 해고해야 하는 고뇌의 날들도 있었고, 새로운 인사 시스템을 만들어 일일이 임직원을 만나 설득해야 했던 일들도 있었습니다. 하지만 어떤 일을 하든 '성의'

를 다했고 '상식의 선'을 넘지 않으려 노력했습니다. 그 결과 이렇게 사장 자리까지 오를 수 있었습니다.

■ ■ ■ 낯설지 않은 시즌성 에피소드

공감은 같은 생각과 경험을 할 때 형성된다. 누군가가 자신의 스위스 여행 에피소드를 이야기한다고 생각해보자. 만약 내가 스위스로 여행을 가본 경험이 있다면 여행기를 들으며 더욱 공감할 수 있을 것이다. 하지만 스위스를 가보지 않은 사람이라면 조금은 낯설게 에피소드들을 들을 것이다.

시즌성 에피소드는 '낯설지 않은 에피소드'다. 마치 매일 보는 친구의 얼굴이라고나 할까? 날씨와 계절, 절기, 핫이슈가 되는 에피소드는 누구나 다 머리로 이해하고 몸으로 느끼기 때문에 친근감 있게 다가갈 수 있다.

> **예** 오늘 아침 출근을 하다 이런 라디오 멘트를 들었어요. 요즘 가을인데도 불구하고 길가에 벚꽃이 많이 피었다고 합니다. 벚꽃은 봄에 펴야 정상인데 말이죠. 왜 이렇게 벚꽃이 일찍 피나 봤더니, 이번 봄에 비가 많이 와서 벚꽃이 일찍 져버리지 않았습니까? 이것은 겨울을 대비해 나무 스스로 자신의 몸을 보호하기 위해 가을에

도 꽃을 피우는 거라고 하네요. 여러분, 꽃은 봄에만 피는 것이 아닙니다. 가을에도 이렇게 봄꽃처럼 예쁜 꽃이 필 수 있습니다. 우리의 인생도 어느덧 후반부로 향하고 있습니다. 우리도 다시 한번 이 모임을 통해 젊은 날의 봄꽃을 개화시켰으면 좋겠습니다.

예 여러분, 오늘은 24절기의 여섯 번째 절기이자, 봄의 마지막 절기인 곡우입니다. 곡우는 봄비가 내려 100가지 곡식을 기름지게 한다고 해서 붙여진 이름인데요. 이때쯤이면 농사에 가장 중요한 볍씨를 가져오는 것으로 본격적인 한 해 농사를 시작한다고 합니다. 여러분이 올 초에 세웠던 계획들은 잘 지키고 계신가요? 만약 중간에 포기하셨다면 한 해 농사를 시작하는 곡우에 맞춰 다시 시작해보시면 어떨까요? 우리도 올가을 추수를 잘할 수 있도록 열심히 인생 농사를 지어봅시다.

■ ■ ■

사람들이 좋아하는 에피소드가 있다. 연사의 전문성에 얽힌 이야기, 어려웠지만 극복했던 이야기, 성공한 이야기, 시즌성 이야기, 유머, 심리 테스트 이런 것들이다. 그런데 유머를 말한다고 해서 뜬금없이 유머집에 나오는 유머를 남발하지는 마라. 사람들은 그냥 유머를 그대로 전달하는 것보다 말하는 연사의 생각이 가공된 에피소드를 좋아한다. 그래야 에피소드 속에 들어 있는 연사의 생각을 알아내 그 사람이 어떤 사람인지 유추해볼 수 있기 때문이다.

이 책을 읽는 리더들 가운데에도 오늘 사적인 모임이 있거나, 사람들 앞에서 프레젠테이션을 해야 하는 분들이 있을 것이다. 아직도 청중의 마음속에 쏙 들어갈 에피소드를 2, 3개 정도 준비하지 않았다면 지금부터라도 생각해보자. 만약 당장 떠오르는 에피소드가 없다면 사무실에 있는 책이라도 뒤적거려 좋은 에피소드를 찾아내자. 또 만약 이것조차도 없으면 검색 사이트에 들어가 좋은 말할 거리를 찾아보자. 그럼 분명 사람들에게 각인될 수 있는 좋은 스피치를 할 수 있게 될 것이다.

 체크 포인트

- 사람의 머릿속에 하나의 이미지, 동영상이 재생되게 말하는 것이 바로 스토리텔링이다.
- 누구에게나 있을 법한, 누구나 한 번쯤은 겪어봤을 공감대를 형성하는 에피소드는 청중들이 말하는 '나'에게 친근감을 느끼게 한다.
- 어려움을 극복한 에피소드는 청중들이 자신의 어려움을 이겨내고 더 앞으로 나갈 힘을 준다.

CHAPTER 9

명언 플롯_
명언으로 스피치에
깊이를 더하라

• • •

스피치에서 명언을 활용하면 청중들의 관심을 집중시키고,
말하는 사람인 연사의 품격을 높여준다. 또한 스피치에 감동을 불어넣을 수 있다.

'언제쯤 나도 저런 나만의 명언을 말할 수 있을까? 아니 명언을 만드는 것은 둘째치고 명언을 넣어서 멋지게 말하기라도 하고 싶다.' 이렇게 생각한 시절이 있었다. 쇼핑호스트 생활을 뒤로하고 스피치계에 입문했을 때 명언 하나 내 입으로 토해내는 것이 쉽지 않았던 시절이 있었다. 하지만 지금은 몇 개의 명언 정도는 어느 상황에서든 자연스럽게 말할 수 있게 되었다. 강의를 하며, 사람들과 대화를 나누며 나만의 명언을 넣어 말하는 자신을 발견할 때 스스로 대견함을 느낀다.

스피치를 할 때 명언을 넣어 말하면 명언을 말한 사람의 인격과 동등한 위치에 오르게 된다. 만약 내가 세계적인 동기부여가 브라이언 트레이시의 말인 "성공은 내가 좋아하는 일을 내가 좋아하는 사람들과 내가 좋아하는 방식으로 진행하는 것을 말한다."를 인용하면 브라이언 트레이시가 가진 인격을 잠시 빌릴 수 있는 것이다. 그래서 스피치가 더욱 깊어질 수 있다.

명언을 넣어 말하면 사람들을 집중시킬 수 있다. 사람들은 정보가 들어 있는 이야기를 들으면 자연스럽게 그 정보를 기억하기 때문이다. '나도 꼭 저 말을 활용해봐야겠다.'라고 생각하는 것이다. 그래서 나중에 그 말을 사용하게 될 때 정확히 전달하고자 더욱 집중하게 된다. 또한 명언을 넣어 말하면 말의 내용이 압축되어 더욱 깔끔하게 전달된다. 성공에 대해 그냥 푸는 것보다 누군가의 말을 인용하면 '대화체'로 이야기가 구성되기 때문에 사족 없이 깔끔하게 에피소드를 풀 수 있다.

그런데 이런 식의 에피소드로 말을 푸는 것을 좀 낯간지러워하고 어려워하는 사람들이 있다. 사실 명언을 넣어 말한다는 것은 쉬운 일은 아니다. 왜냐하면 내가 말하고자 하는 명언에 내가 감동을 받아야 그 명언이 제대로 전달되기 때문이다. 나는 성공하고 싶지 않고 성공하기 위해 노력하지 않는데, 성공에 관한 명언을 하게 되면 뭔가 겉도는 느낌을 줄 수도 있는 것이다.

'언행일치(言行一致)'라고 했다. 최소한 내가 말하고자 하는 내용에 대해 스스로 그런 자세를 취하고 행동을 해야 그 말이 정말로 살아 있는 진실한 말이 된다. 명언을 넣어 말하고 싶은데 잘 안 되는 사람들은 과연 내가 그 명언에 맞는 삶을 살고 있는지 스스로 반문해보자.

■ ■ ■   추임새를 넣어주고 명언을 말해보자

명언을 넣어 말할 수 있는 자세는 되어 있는데, 명언을 인용하기 참 어렵다는 사람들이 있다. 이런 경우 앞에 추임새를 넣어주고 명언을 말해주면 좋다. 그 추임새는 바로 "이런 말이 있더라고요."다. "이런 말이 있더라고요. 성공은…" 이렇게 앞에 추임새를 넣어주면 훨씬 더 자연스럽게 명언을 이을 수 있다.

예 여러분, 이런 말이 있더라고요. "악은 선을 알지만 선은 악을 모른다." 요즘 어린아이를 대상으로 하는 성범죄들이 난무하고 있습니다. 우리 아이들이 밝고 행복하게 살게 하기 위해서는 어른들이 선을 지키려는 노력을 해야 하지 않을까요?

예 여러분! 배우 우디 앨런이 이런 말을 했습니다. "한 번도 실패하지 않았다는 건 새로운 일을 전혀 시도하지 않았다는 것이다." 여러분은 최근에 언제 실패를 해보셨나요? 우리는 언제부터인가 실패하지 않는 삶을 사는 것 같습니다. 보통 20대 때는 많은 도전을 통해 많이 실패했는데, 언제부터인가 "실패하면 끝이다."라는 생각으로 너무 현실에 안주하지 않았나 하는 생각이 듭니다. 더 늦기 전에 새로운 일을 시도해 실패를 경험하고 배웠으면 좋겠습니다.

예 『10년 후, 한국』의 저자 공병호 박사는 급변하는 시대 속에서 살아 남기 위해서는 3가지의 능력이 필요하다고 말했습니다. 첫째, 커 뮤니케이션 능력입니다. "저 사람은 정말 말이 잘 통하는 사람이 야."라는 이야기를 많이 들으세요? 아니면 "저 사람과의 대화는 정말 답답해. 다시는 만나고 싶지 않아."라는 이야기를 자주 들으 세요? "말은 하는 것보다 듣는 것이 더 중요하다."라는 말이 있습 니다. 경청을 통해 커뮤니케이션 스킬을 키워보면 어떨까요? 둘째 는 정리 능력입니다. 제 주변에도 정리에 서툰 분들이 계시는데요. 정리는 저축입니다. 평상시 조금씩 정리하다 보면 어느새 매뉴얼 화되어 있죠. 정리를 잘하시는 분들 가운데는 부지런한 분들이 참 많이 계십니다. 마지막 능력은 바로 모방 능력입니다. 창조는 연 구원들에게 맡기라는 거죠. 기존의 것들을 약간 틀어서 다시 짜는 것만으로도 많은 창조를 낳을 수 있다고 합니다. 여러분! 성공하고 싶으신가요? 이 3가지 능력을 꼭 기억하세요.

■ ■ ■　**내가 한 말도 명언이 될 수 있다**

　　　　명언을 말할 때 중요한 것은 내가 그 명언에 감동을 했 느냐, 하지 않았느냐. 책에 있는 명언들도 물론 나에게 큰 감동으 로 다가올 수 있을 것이다. 하지만 한 분야에서 전문성을 쌓고 오랫동안 일한 분들은 누구의 명언을 따오는 것이 아니라, 자신들의 명언을 말하는 경우가 많다.

누군가의 명언을 인용해 말하는 것은 내 격을 높이고 스피치에 깊이를 더할 수 있다. 하지만 누군가의 명언 외에도 자신이 평소 생각하던 것이나 소신 중에서 자신만의 명언을 찾아보자. 스스로 명언을 만드는 것은 평소 깊이 생각하는 연습을 통해 할 수 있다. 나를 따라오는 사람들과 내게 큰 힘을 얻고자 하는 사람들에게 자신만의 명언을 전달하자. 이렇게 스스로 관찰하고 명언을 찾아보려는 노력도 중요하다.

예 여러분, '경청의 123 법칙' 알고 계시죠? 내가 1분간 이야기할 때 상대방 이야기를 2분간 들어주고, 그사이 3번 맞장구치는 거죠. 그런데 저는 여기에 하나를 더 추가해 '경청의 1234 법칙'을 말씀 드리고 싶어요. 마지막 4는 바로 4분 동안 역지사지(易地思之)해보는 겁니다. 사실 우리가 살아가면서 상대방의 입장이 되어 보면 이해하지 못할 일들이 그리 많지 않습니다. 부부싸움을 할 때도 우리 남편이, 우리 부인이 왜 이렇게 화가 났는지 4분 동안 역지사지해서 생각해보세요. 그럼 왜 그렇게 말하는지 이해가 될 겁니다.

예 제가 보니 성공하는 사람들은 2가지 애(愛)가 있더라고요. 첫 번째는 자기에 대한 애(愛), 두 번째는 자기 일에 대한 애(愛)입니다. 여러분은 이 2가지의 애(愛) 중에 어떤 것이 강한가요? 이 2가지가 균형을 이뤄야 행복할 수 있습니다. 저는 2가지 애(愛)가 균형을 이룰 수 있도록 늘 노력합니다.

사람들에게 동기부여를 해주는 강사들 중에 자신의 삶이 엉망인 사람들은 거의 없다. 왜냐하면 자신이 한 말에 진심이라는 울림을 넣기 위해서는 말뿐만 아니라 행동도 그렇게 해야 하기 때문이다. 자신부터 열심히 살아야 다른 사람도 그렇게 살 수 있도록 독려할 수 있는 것이다.

입에서 명언이 계속 터져 나오는 분들을 보면 '이분들은 얼마나 자신의 삶에 최선을 다하고 있을까?' 하고 경이로울 때가 많다. 한 번 생각해보자. 지금 내 입에서 가벼운 에피소드가 나오고 있을까? 아니면 세상 사람들이 깊은 공감을 느낄 수 있는 명언이 나오고 있을까?

■ ■ ■

"명언을 넣어 말하는 것이 참 힘들다."라고 말하는 분들이 있다. 그렇다. 처음은 누구나 힘들다. 그렇지만 두세 번 용기를 내 시도하면 '참, 이것만큼 깊은 스피치를 할 수 있는 좋은 에피소드가 없구나.'라는 생각이 들 것이다. 다만 한 가지는 주의하자. 명언 에피소드를 이야기할 때 명언을 주연으로 내세우면 안 된다. 가끔 명언을 주인공으로 세워 말하는 분들이 있다. 명언은 메인 에피소드를 빛나게 해주는 조연의 역할임을 잊지 말자. 즉 명언을 말하기 위한 스피치가 아니라 내가 하는 메시지에 덧붙여야 한다는 것이다.

스피치는 관심이다. 평소 책을 읽거나 누구의 대화를 들었을 때 기억에 남는 말이 있다면 그것을 기록하는 습관을 갖자. 요즘에는 스마트폰에 메모 기능이 있어 펜 없이도 메모를 할 수 있다. 만약 무언가를 쓸 수 없는 상황이라면 음성 녹음도 괜찮다. 난 평소 기억에 남는 명언이 있으면 그걸 모은 다음 한 달에 한 번 폴더에 넣어 정리하는 습관이 있다. 그럼 스피치뿐만 아니라 칼럼이나 책을 쓸 때 주제에 맞춰 바로 글을 쓸 수 있다.

 체크 포인트

- 명언은 말하고자 하는 내용을 압축시키며 청중의 관심을 한 번에 집중시킨다.
- 명언은 말 중간에 갑자기 넣는 것보다는 추임새를 활용하는 것이 자연스럽다.
- 위대한 위인만 명언을 하는 것이 아니다. 나도 할 수 있다!

CHAPTER 10

비유 플롯_비유로
생생한 스피치를
전달하라

• • •

말을 할 때 비유를 사용하는 것은 비유가 사람들에게 쉽게 전달되어 이미지화가 가능하기 때문이다.
아리스토텔레스는 "비유는 천재의 표지"라고 말하기도 했다.

비유는 수사학의 꽃이자, 언변술의 정수라 불린다. 비유를 넣어 말하면 굉장히 어려운 개념도 쉽게 전달이 된다. 예를 들어 스피치를 할 때 복식호흡을 한다는 것은 폐에 공기를 가득 채워 배 부분까지 깊게 채운다는 것을 의미하는데, 이렇게 설명하면 복식호흡에 대해 이해할 수 있는 사람은 거의 없을 것이다. 하지만 비유를 활용한다면 "배 안에 풍선이 들어가 있다고 생각하고 숨을 들이마셔 풍선을 크게 부풀리세요. 이것이 바로 복식호흡입니다."라고 말할 수 있게 된다. 이렇게 말하면 사람들이 복식호흡을 쉽게 이해할 수 있다.

비유가 쉽게 사람들에게 전달되는 이유는 바로 '이미지화'가 가능하기 때문이다. 예를 들어 "너무 부끄러워 새색시 얼굴이 빨갛게 물들었다."라고 말하는 것보다 "새색시 얼굴이 사과처럼 빨갛게 물

들었다."라고 말하면, 사과의 이미지화가 새색시의 빨간 얼굴과 오버랩되면 머릿속에서 더욱 쉽게 이해가 되는 것이다.

비유법은 다른 사물이나 현상을 끌어다가 그 성격, 형태, 의미 등을 쉽고 분명하며 재미있게 나타내는 표현기법을 말한다. 비유법 중 대표적으로 직유법과 은유법이 있다. 직유법은 'A는 B와 같다.' 식으로, A사물을 나타내기 위해 B사물의 비슷한 성질을 직접 끌어다 견주는 것을 말한다. 어떤 대상을 '~처럼, ~같이, ~듯이, ~인양' 등을 써서 다른 대상에 빗대어 표현하는 방법이다. 예를 들어 "내 마음이 폭탄처럼 터지기 일보 직전이다."가 그렇다. 이렇게 폭탄의 '터진다'라는 성질과 '내 마음이 답답해 터지기 일보 직전'이라는 비슷한 성질을 이용해 비유하는 것이다.

은유는 'A는 바로 B다.' 식으로 표현 속에 비유를 숨기는 기법이다. 직유법이 서로 비슷한 뜻이라면 은유법은 같은 뜻 또는 같은 값의 뜻을 말한다. 예를 들어 '내 마음은 호수요(내 마음 호수)'처럼 표현하는 것이다.

비유법은 2개의 개념 사이에 '쌍둥이 속성'을 찾는 것이다. 앞에서도 잠깐 이야기했던 김국진의 말에서 자신의 인생을 '롤러코스터 인생'이라고 한 것도 비유의 일종이다. 사람들은 어려운 개념을 쉬운 것에 비유해 말하면 쉽게 이해한다. 그래서 어떤 핵심 내용을 말할 때 적절하게 비유를 활용하면 더욱 사람들의 머릿속에 각인시킬 수 있다.

모양 비유, 이렇게 해보자

비유는 크게 2가지로 나뉜다. 하나는 '모양 비유'다. 말 그대로 모양이 비슷한 것에서 쌍둥이 속성을 찾아 말을 만드는 것이다. "저 아이 얼굴은 호빵맨이야." 이 말은 호빵맨의 동그랗고 풍성한 얼굴 모양과 아이의 토실토실한 얼굴의 쌍둥이 속성을 찾아 비유한 것이다. "저 사람은 앵무새처럼 잘도 조잘거린다." 이것도 앵무새의 입과 말을 많이 하는 사람의 입을 모방한 '모양 비유'에 속한다.

모양 비유를 잘하기 위해서는 평소 사물의 모양이나 형태에 관심을 가져야 한다. 그래야만 어떤 비유를 할 때 바로 머릿속에 그 사물을 떠올릴 수 있다. 예전에 비가 많이 오는 날에 신호에 걸려 멍하게 바깥을 내다보다 엉뚱한 생각을 한 적이 있다. 빗길 속을 운전하는 차들의 바퀴에 빗물이 튀는 것이 마치 프라이팬에 튀겨지는 생선을 바라보는 느낌이었다. 좀 엉뚱하긴 하지만 사실 이런 생각을 한다고 해서 누가 뭐라고 하겠는가? 나 혼자서 하는 생각이니 말이다.

> **예** 우리는 목소리를 낼 때 배에서 소리를 짜내야 합니다. 그럼 어떻게 소리를 짜내야 할까요? 케첩 통을 예로 들어볼까요? 케첩 통에서 케첩을 짜내려면 손으로 눌러야 합니다. 소리도 마찬가지입니다.

케첩 통을 손으로 눌러 케첩을 짜내듯이, 배근육으로 배를 눌러 소리를 짜내야 합니다.

예 소리를 낼 때 입을 크게 해서 소리를 내세요. 마치 입 안에 활짝 꽃이 핀 것처럼 말이에요.

예 안녕하세요. 저는 회반죽처럼 접착력이 뛰어난 사람입니다. 저는 한 번 사람을 믿으면 그분과 끝까지 함께합니다.

■ ■ ■ 성격 비유, 이렇게 하자

다음 비유는 바로 '성격 비유'다. 두 사물이 가진 공통적인 성격이나 속성을 비유하는 것이다. 예를 들어 "저 사람은 정말 믿을 수 있어. 보증수표야."라는 말이 있다. 이때 이 말은 보증수표의 '보증한다'와 '믿을 수 있는'의 공통적인 성격을 찾아 비유한 것이다. 이 성격 비유는 모양 비유보다는 훨씬 더 세련된 비유다.

난 평소 성격 비유를 취미 삼아 즐기는 편이다. 어느 날은 강변북로를 운전하다가 이런 생각을 해봤다. "내 인생은 강변북로, 막힐 시간이 아니라고 생각해 나왔는데 사고가 나는 바람에 너무 막힌다. 내 인생도 순탄하게 진행되리라 생각하지만 어디서 사고가 나서 막힐지는 아무도 모른다. 중간에 끼어드는 차가 있다. 끼워줘도 괜찮고 천천히 가도 괜찮다. 하지만 그렇게 하기 위해서는 큰 인내심이 필요하다. 인생도 그렇다." 이렇게 말이 되든 안 되든 계속해서 속성을 비유하며 재미있게 즐기는 편이다.

예) 얼마 전 신문에서 피겨스케이팅 점수를 매길 때 이제 점프 횟수를 다 채우지 못해도 부분 점수를 준다는 기사를 봤어요. 그래서 특정 선수에게 더 유리한 쪽으로 채점을 하게 되었다고 하네요. 이건 말도 안 돼요. 마치 축구를 할 때 골대에 맞은 볼도 부분 점수를 주는 것과 같은 거죠.

예) 인생을 살아가면서 '번 아웃(Burn out)' 하지 마라. 번 아웃은 원래 원자로에서 온도가 지나치게 상승할 때 냉각제인 물이 끓으면서 열이 차단되는 현상을 말하는데, 우리의 삶도 마찬가지다. 너무 뜨거워지면 안 된다. 너무 끓어오르기만 하면 무기력증에 빠질 수 있다.

세계적인 투자가 워런 버핏이 자신의 투자 결정 중 가장 잘못된 것이 무엇이었느냐는 질문을 받았다. 그러자 버핏은 현재 버크셔 해서웨이로 이름이 바뀐 지주회사를 매입한 일이라고 대답하며 이렇게 말했다.

"우리는 버크셔 해서웨이 주식이 단지 싸다는 이유로 사업을 인수했습니다. 이것은 내가 투자에서 '시가 꽁초 접근 방식'이라고 말하는 것인데, 피다 남겨놓은 시가 꽁초는 부석부석하고 맛도 형편 없으면서 한두 모금밖에는 남아 있지 않은 대신에 공짜입니다. 바로 이것이 우리가 버크셔를 매입할 때의 상황이었습니다. 당시 버크셔의 가격은 헐값이었지만 이를 매입한 것은 정말 형편없는 실수였습니다."

■ ■ ■

수사학의 대가 아리스토텔레스는 "비유는 천재의 표지"라는 말을 남길 정도로 비유 예찬론자이기도 했다. 비유는 어떻게 하면 청중에게 내 이야기를 쉽고 재미있게 전달할까 하는 고민에서 시작된 것이다. 『달팽이가 느려도 늦지 않다』의 저자 정목스님이 인생을 농사짓는 것에 비유한 신문기사를 읽은 적이 있다.

"한 농부가 신(神)에게 기도를 했어요. 1년 동안만 비바람 없이 최고의 좋은 날씨만 주시면 농사 한번 잘 지어보겠노라고, 신이 그 말을 들어줬어요. 진짜로 순일하고 좋은 날씨가 이어졌어요. 그런데 농사를 짓고 수확을 해야 하는데, 결실이 다 쭉정이밖에 없어요. 볍씨 하나가 익는 데도, 비바람이 치고 눈이 오는 그런 날씨의 우여곡절이 있어야 알맹이가 영글어갑니다. 우리 인생도 똑같아요."

우여곡절이 있어야 가을에 벼를 수확할 수 있듯 우리의 인생도 우여곡절이 있어야 갈무리를 잘할 수 있는 것이 아닐까? 어렵겠지만 비유를 할 때 사물의 모양과 성격의 쌍둥이 속성을 활용해보자. 그래서 사람들의 마음에 공감을 심어줄 수 있는 스피치에 도전해보자.

체크 포인트

- 비유를 사용한 표현은 굉장히 어려운 표현이라도 쉽게 전달될 수 있도록 도와준다.
- 비유법은 텍스트와 소리로 전달되는 말을 '이미지화'한다.
- 비유는 두 사물, 혹은 두 인물 간의 비슷한 속성을 찾는 것이다.

PART 3

이럴 땐 이렇게!
7가지 플롯의
실전 응용법

대중 앞에서 말을 할 때 이 원칙만 지켜도 사람들에게 "이 사람 정말 말 잘 하네."라는 말을 들을 수 있다. 바로 '새로운 정보를 웃으며 말하기'다.

사람들은 새로운 정보를 좋아한다. 앞에서 배운 다양한 에피소드를 활용해 매일 들었던 이야기가 아니라 새로운 정보가 들어 있는 이야기를 한다면 사람들은 내 말에 집중한다. 두 번째로 중요한 것이 바로 웃는 것이다. 사실 대부분의 스피치는 웃으면서 말하기만 하면 사람들에게 시각적으로 긍정적인 이미지를 줄 수 있다. '웃기', 사실 이 간단한 것이 사람들 앞에서는 왜 이리 어려운지 모르겠다. 마지막으로 중요한 것이 바로 '말하기'다. 말을 할 때 적당한 크기의 발성과 정확한 발음으로 이야기한다면 사람들을 설득하는 것은 그리 어려운 일이 아닐 것이다.

그런데 왜 '새로운 정보를 웃으면서 말하기'가 이다지도 어려운 걸까? '새로운 정보를 웃으면서 말하기'가 말처럼 쉽지 않다는 사람들이 많다. "나와

서 한 말씀만 해주세요."라는 말이 세상에서 제일 무섭고, 앞에만 나가면 머릿속이 하얘져서 자신이 무슨 말을 했는지도 기억하지 못하는 경우도 있다. 왜 이런 걸까?

자, 이제 앞에서 배운 7가지 플롯을 활용해 즉흥 스피치에 자신 있게 도전해보자. "지치면 지지만 미치면 이길 수 있다."라는 말이 있다. 아직 스피치를 시도도 해보지 않은 상태에서 "난 원래 말을 잘 못하는 사람이야."라며 자포자기하고 있지는 않은가? 다시 한번 말하지만 '스피치는 기술'이다. 기술 위에 청중을 향한 애정을 넣어야 '진심 스피치'가 완성된다. 이제 다시 한번 미쳐보자.

CHAPTER 11

자기소개 시
첫인상을 좌우하는
7초

• • •

헤르만 에빙하우스의 '망각 곡선'에 따르면 사람들은 어떤 정보를 얻었을 때
하루가 지나면 70%를 잊는다고 한다. 혹시 당신의 첫인상도 70%에 속하지 않는가?

"나는 자기소개 같은 걸 왜 하는지 모르겠어!" 어떤 모임에 가든 으레 처음 만나는 사람들이 모이면 자기소개를 하게 된다. 사실 난 자기소개는 그냥 자기소개 정도로 끝나는 것도 깔끔하다고 생각한다. 예를 들어 "안녕하세요. 반갑습니다. 임유정입니다. 저는 라온제나 스피치 아카데미를 운영하고 있고요, 이렇게 만나 뵙게 되어 진심으로 반갑습니다. 앞으로 잘 부탁드립니다."라고 말해도 괜찮다. 하지만 이렇게만 말하게 된다면 자기 PR을 할 수 있는 기회를 놓칠 수도 있다.

자기소개라는 것은 단순히 자신의 이름이 무엇이고 무슨 일을 하는지만 말하는 것이 아니다. 자신이 오늘 어떤 일이 있었고, 좋아하는 것은 무엇이며, 왜 이 모임에 왔고, 이 모임을 통해 어떤 것을 얻고 싶은지 이야기하는 것도 자기소개다.

왜 사람들은 자기소개를 할까? 간단하다. 짧은 시간에 아이스 브레이킹(Ice breaking)을 하기 위해서다. 아이스 브레이킹은 마치 얼음장을 깨는 것처럼 처음 만나는 사람과의 긴장감을 깨기 위해 하는 것이다. 그런데 이때 너무 뻔하고 누구나 다 아는 이야기를 하면 사람들은 '난 저 사람에 대해 아는 정보가 없어.'라는 생각을 하게 되고 서로 친해질 수가 없다. 반면에 자기소개에 적절한 자기 노출을 한다면 사람들은 '저 사람이 어떤 사람일까?'에 대한 두려움을 내려놓게 된다. 그 사람에 대한 캐릭터를 잡아 생각의 상자에 넣기 때문이다. 적절한 자기 노출이야말로 아이스 브레이킹의 첫걸음인 것이다.

자, 지금 자신이 참여하는 모임을 즐겁게 만들고 싶고, 앞으로 모임에서 만나는 사람들과 좋은 유대 관계를 맺고 싶은가? 모임에서 얻고자 하는 목적이 있다면 적절한 자기 노출이야말로 나를 소개하고, 인간관계를 잘 맺는 좋은 수단임을 기억하라. 그럼, 어떡하면 자기소개를 잘할 수 있을까?

■ ■ ■ 자기소개의 PER 법칙을 기억하라

난 대학원에서 PR(Public Relation)을 전공했다. 보이스와 스피치가 사람의 PR에 어떤 영향을 끼치는지 밀접하게 연구하고 싫어 이 전공을 선택했다. 전공과목 중의 하나인 '선거 캠페인론'의 개강 첫날 수업 시간이었다. 교수님이 각자 자기소개를 하라고 말씀하셨다. 어떤 사람이 나와서 자기소개를 하는데, "안녕하세요. 저는 기업 PR을 왜 듣게 됐나면… 웁! 참 선거 캠페인론이지!"라고 말실수를 하는 것이 아닌가. 그러자 교수님은 인상을 찌푸리며 "기업 PR에 인원이 마감되어 여기 온 것 아니냐."라고 실망감을 드러내셨다.

다음 차례의 사람이 일어났다. "저는 교수님이 성적을 잘 주신다고 하길래 이 수업으로 정했습니다." 순간 정적이 흘렀다. 역시 교수님은 인상을 찌푸리셨다. PR은 자신의 회사나 업무를 홍보하는 것이다. 조직 내에서 PR을 담당하고 있는 전문가들이 자기소개도 이렇게 제대로 하지 못하는 모습을 보이다니 정말 아쉬운 마음이 들었다.

어떤 모임이나 행사에서 으레 하는 것이 바로 자기소개다. 그런데 왜 자기소개를 하는 것일까? 첫인상을 결정하는 '7초의 법칙'이라는 것이 있다. 사람들이 어떤 사람의 이미지를 결정할 때 7초 만에 호감 또는 비호감을 결정한다는 것이다. 그런데 중요한 사실은 7초 안에 결정된 이미지가 비호감이었다면, 이를 호감으로 바꾸려면 48시간이나 더 필요하다고 한다. 7초면 얻을 수 있는 호감을 48시간이나 들여 겨우 얻는 것이다. 굉장히 비효율적인 일이 아니겠는가?

심리학 용어에 '초두효과(Primacy effect)'라는 것이 있다. 먼저 인지한 정보가 나중의 정보보다 훨씬 큰 영향력을 미친다는 것으로, 그만큼 첫인상이 중요하다는 말이다. 사회심리학자 솔로몬 애쉬는 초두효과와 관련된 실험을 진행한 적이 있다. 실험자들에게 가상의 인물에 대한 성격을 묘사하는 형용사들을 나열해 제시하고, 피험자들이 그 인물에 대해 느끼는 인상이 무엇인지를 쓰게 하는 실험이었다.

이 실험은 두 그룹으로 나눠 따로 진행되었다. 첫 번째 그룹에서 제시된 형용사 순서는 '똑똑하고, 근면하고, 충동적이며, 비판적이고, 고집이 세며, 질투심이 강함'이었다. 즉 긍정적인 형용사들이 먼저 제시되고 부정적인 형용사들은 나중에 제시했다. 두 번째 그룹에서의 형용사 순서는 첫 번째와 반대로 제시되었는데 '질투심이 강하고, 고집이 세며, 비판적이고, 충동적이며, 근면하고, 똑똑함'이었다.

이 실험에서 피험자들은 긍정적인 형용사들이 먼저 제시되었을 때 그 인물에게 더 호의적인 인상을 느끼는 것으로 나타났다. 이 연구의 결과는 첫인상이 중요하다는 '초두효과'의 타당성을 보여준다. 처음 만나는 사람에게 자기소개를 할 때 호감 가는 이미지로 보이는 것이 중요하다는 말이다.

그렇기 때문에 자기소개를 대충하거나 재미없게 한다면 사람들에게 자기 자신을 특별히 기억나는 사람으로 각인시킬 수 없다. 그렇다면 모임에서 자기소개는 어떻게 해야 할까? 다음은 자기소개의 PER 법칙이다.

P(Positioning): 내가 일하는 회사와 업무에 대한 소개

첫 번째 P는 포지셔닝이다. 현재 내가 일하고 있는 회사와 업무에 대해 소개하는 것이다. 그런데 그저 내가 일하고 있는 회사의 이름과 직책을 나열하기보다는 내가 어떤 마음가짐으로 이 일을 하고 있는지에 대한 소명의식(Calling)을 말하는 것이 중요하다.

> **예** 안녕하세요. 라온제나 스피치 대표 임유정입니다. 여러분! '라온제나'가 무슨 뜻인지 아십니까? 라온제나는 정말 예쁜 순우리말입니다. '즐거운 나'라는 뜻을 가졌어요. 저는 많은 사람이 앞에 나와 말을 할 때 진정한 '라온제나'가 되길 바랍니다. 그래서 제가 운영하는 아카데미의 이름도 라온제나로 지었습니다.

> **예** 안녕하세요. 저는 ○○은행에 다니고 있는 ○○○입니다. 저는 회사에서 PB업무를 담당하고 있습니다. 혈관이 막히면 동맥경화가 생기는 것처럼, 돈의 흐름이 막히면 우리나라 경제가 막히지 않습니까? 저는 사람들의 돈의 흐름을 시원하게 뚫어줘 좀 더 행복하게 살 수 있도록 도와주는 역할을 하고 있습니다.

예 안녕하세요. 저는 ○○기업 대표 ○○○입니다. 우리 회사는 사람들에게 '친절함'을 서비스하는 곳입니다. 저는 제 자신에게 '호흡 맞춤가'라고 이름을 붙여주었습니다. 서비스라는 것은 사람들과 호흡을 맞추는 일이 아닐까 싶습니다. 힘들어하는 사람에게는 그분의 호흡에 맞춰 천천히, 그리고 열정을 가진 분에게는 열정의 에너지를 넣어서 같이 호흡하는 것이 바로 서비스가 아닌가 싶습니다.

이렇게 자신의 회사와 하는 일에 대해 '가치'를 넣어 말하면 얼마나 진지하고 인간적으로 느껴지겠는가? "말은 생각에서 나온다."라고 했다. 이 간단하고 위대한 이치를 우리는 왜 부정하는지 모르겠다. 그저 단순히 자기의 직업을 밥을 벌어 먹고살기 위한 생계 수단으로밖에 생각하지 않는 사람에게는 '소명의식' 같은 말이 나오지 않는다.

'소명의식'이라는 말이 너무 낯간지러워 혹은 너무 앞서가는 것 같아 말하기 어렵다고 하는 분들이 있다. 이런 분들은 자신이 하는 업무에 대한 설명과 근래에 추진했던 일 가운데 가장 기억이 나거나 성공했던 경험담을 풀어놓자. 그러면 '이 사람은 자신의 일에 전문성을 갖고 열정을 다하는 사람이구나.'라고 청중들이 생각하게 된다.

매력적인 사람에게는 크게 2가지가 있다고 한다. 첫째는 '전문성'이고 둘째는 '친근감'이다. 사람들은 자신의 일에 전문성을 갖고 열심히 일하는 사람을 좋아한다. 그래서 환자를 잘 치료하는 의사들을 좋아하고, 연기를 잘하는 연기자에게 매력을 느끼는 것이다.

자신의 일에 전문성을 갖고 열정을 다하는 사람, 그리고 그 열정이 자기소개를 할 때 고스란히 느껴지는 사람이 있다고 생각해보자. 그런 사람이라면 훨씬 더 호감 가는 사람으로 기억될 것이다. 더불어 남 앞에서 말할 때 친근감 있는 표정과 목소리로 말한다면 금상첨화가 아니겠는가?

E(Episode): 에피소드를 활용하기

자기소개의 PER 법칙 두 번째는 에피소드를 활용하는 것이다. 사람들은 에피소드를 넣어 구체적으로 말해주는 것을 좋아한다. 그저 "만나서 반갑습니다. 앞으로 좋은 인연 맺을 수 있었으면 좋겠습니다."라고 말하는 것은 너무나 구태의연해 사람들의 머릿속에 남지 않는다. 한 치밖에 안 되는 칼로 사람을 죽인다는 '촌철살인(寸鐵殺人)'이라는 말이 있지 않은가? 이제 자기소개에 구체적인 에피소드를 넣어보자. 사람의 마음을 감동시키는 촌철살인을 하는 것이다.

사람들이 에피소드를 좋아하는 것은 무엇인가 구체적으로 얻을 만한 정보가 있기 때문이다. 싱가포르에 대한 이야기를 한다고 생각해보자. "싱가포르 참 멋있더라. 구경할 것이 많아."라고 말하는 것과 "싱가포르에 가보니 참 재미있는 게, 사람들이 영어를 쓰는데 문화는 유교적이어서 마치 서양과 동양을 섞어 놓은 느낌이야."라고 말하는 것은 느낌이 다르다. 왜냐하면 후자가 말하는 내용에는 듣는 사람에게 유용한 '정보'가 있기 때문이다. 그런데 이 정보를 말할 때는 누군가 모르는 정보를 나열하는 것보다는 서로가 알고는 있지만 정확하게 다시 콕 집어서 말해주는 것이 좋다. 그러면 훨씬 더 재미있으면서도 공감대를 형성할 수 있는 에피소드가 된다.

① 현장형 에피소드

자기소개를 할 때 가장 좋은 에피소드는 바로 '현장형 에피소드'다. 현장에서 있었던 에피소드로 말을 하면 훨씬 더 많은 사람에게 깊은 공감을 이끌어 낼 수 있다. 공감은 간단하다. '같은 생각, 같은 경험'이다. 현장에 함께 있었기 때문에 누구나 다 들었고 누구나 경험했던 일을 가지고 에피소드로 만들면 그것이 바로 현장형 에피소드다.

예 스피치 모임

안녕하세요. 반갑습니다. ○○○입니다. 오늘 우리가 이렇게 스피치를 잘하기 위해 모였습니다. 마침 여기로 오려고 엘리베이터를 탔는데, 어떤 분이 "오늘 모임 오긴 왔는데… 정말 우리 스피치 실력이 늘긴 늘까?"라고 하시더라고요. 저녁도 먹지 않고 이렇게 달려왔는데 스피치 실력이 많이 향상될 수 있도록 서로 노력했으면 좋겠습니다. 감사합니다. 우리 한번 열심히 해보자고요!

② 시즌성 에피소드

시즌은 어떠한 행동이 활발히 이루어지는 시기를 말한다. 시즌은 크게 계절, 절기, 날씨 등으로 나뉜다. 특히 날씨 관련 에피소드를 말할 때 날씨가 좋은 날에 "날씨가 좋다."라고 말하는 것은 인상에 남지 않는다. 특이한 기상 이변이 있을 때 이것을 가지고 말하는 것이 훨씬 임팩트가 크다. 또한 날씨와 우리 인생을 비유해 말하는 것도 굉장히 효과적이다.

> **예** 안녕하세요. 반갑습니다. 이제 입춘이 얼마 안 남았죠? 예전에는 꽃이 피는 것을 보고 봄이라고 생각을 했는데, 이렇게 나이가 50이 되어 보니 '내 마음에 꽃이 펴야 진정으로 봄이 오는 거구나!'라는 생각을 하게 되었습니다. 오늘 이 모임을 통해 아직은 차가운 바람이 불지만 우리 모두의 마음에 봄꽃이 활짝 폈으면 좋겠습니다. 감사합니다.

> **예** 안녕하세요. ○○○입니다. 오늘 이렇게 비가 많이 오는데도 불구하고 정말 많이 오셨네요. 열심히 하는 모임에 가면 오히려 햇볕이 쨍쨍한 날보다 비가 오거나 눈이 올 때 더 참석률이 좋은 것을

볼 수가 있습니다. 이 모임도 역시 이렇게 출석률이 좋은 거 보니 '정말 열정으로 똘똘 뭉친 분들이 함께하는구나!'라는 생각이 들었습니다. 저도 열심히 하겠습니다. 감사합니다.

③ 칭찬 에피소드

칭찬 에피소드는 모임을 소개해준 사람이나 모임에 참여하고 있는 전체 회원을 칭찬할 때, 또는 그중 한 사람을 지정해 칭찬하며 자기소개를 하는 방법이다. 칭찬 에피소드는 정말 효과적인 자기소개 에피소드다. 청중을 내 에피소드 속으로 직접 초대하기 때문이다. 만약 먼 곳에서 이 모임에 참석한 사람이 있거나, 정말 참석하기 힘든 상황인데도 불구하고 온 사람들이 있다면 이들을 집중적으로 칭찬하라. 그러면 더 효과적이다.

> **예** 안녕하세요. 반갑습니다. ○○○입니다. 저는 ○○○회장님의 소개로 이 모임에 참석하게 되었습니다. 정말 좋은 분들이 함께한다는 말씀을 들었는데, 이렇게 와보니 그런 기운이 확 느껴져 정말 기분 좋습니다. 평소 회장님을 뵈면서 '참 열정적이시구나.'라고 생각했었는데, 오늘 모이신 여러분도 열정이 가득하셔서 '정말 대단하시다.'라는 생각이 듭니다. 열정은 전염된다는 말이 있죠. 저에게도 그 열정을 팍팍 전염시켜주시길 바랍니다. 감사합니다.

예 와! 오늘 정말 많은 분이 오셨네요. 아침에 있는 모임인데도 이렇게 많은 분이 와주셔서 얼마나 감사한지 모릅니다. 특히 이 모임을 위해 멀리 광주와 부산에서 올라오신 분들도 있더라고요. 부산에서 서울까지 KTX로 2시간 40분 정도 걸리죠? 새벽 5시에는 일어나서 오셨겠어요. 정말 대단하십니다. 저는 이 모임 장소와 가까운 곳에 살고 있으면서도 '오늘 모임 정말 가야 할까?' 하는 어리석은 생각을 했는데, 이렇게 열정을 갖고 이 모임에 오시는 분들이 많으니 저 또한 열정과 열의를 갖고 이 모임에 참석하도록 하겠습니다.

④ 명언형 에피소드

평소 마음속에 품고 있는 명언을 넣어 말하는 것도 좋은 자기소개 방법이다. 성공하는 사람들은 자신의 삶을 지탱해주는 몇 개의 키워드와 명언이 있는 경우가 많다. 이 책을 읽고 있는 여러분에게도 현재 자신을 이끌어주는 키워드나 명언이 있는가? 그런 키워드나 명언은 어떤 방향으로 인생을 향해 갈 때 자칫 흔들려도 나를 바로 잡아준다. 이 키워드나 명언이 큰 버팀목 역할을 해주기 때문에 그 방향으로 집중해 달려갈 수 있는 것이다.

지금 내 마음속에 품고 있는 명언을 넣어 자기소개를 해보자. 그런데 한 가지는 명심하자. 명언을 넣어 말하기 위해 가장 중요한 것은 '명언과 내 인격의 눈높이'가 맞아떨어져야 한다는 것이다. 내가 명언처럼 살지 않는데 남들보고 그렇게 살라고 말하는 것은 거 짓이지 않겠는가?

예 안녕하세요. 반갑습니다. ○○○입니다. 얼마 전에 다른 모임에서 굉장히 큰 사업을 하시는 여성 회장님을 만난 적이 있습니다. 그래서 그분께 성공 비결을 물어봤습니다. 그랬더니 그 회장님이 "사람이 성공하기 위해서는 반드시 성의가 있어야 해. 무슨 일이든 성의를 갖고 일하면 어느덧 등 뒤에 태산같이 돈이 쌓여 있을 거야."라고 하시더라고요. 여러분, 우리 이 모임을 성의 있게 한번 만들어가 봅시다. 그래서 성의 있는 인연을 많이 만들어 서로에게 큰 버팀목이 되었으면 합니다. 감사합니다.

예 여러분! 저는 ○○○입니다. 제가 요즘 푹 빠져 있는 단어가 있습니다. 바로 '디테일(Detail)'입니다. 뭐든지 디테일하게 쪼개지 않으면 제대로 일을 처리할 수 없다는 것을 깨닫는 중이죠. 여러분! 뭐든지 건성건성 하면 뭘 해야 할지 잘 모르는 경우가 많습니다. 이 모임도 마찬가지죠. 대충 하기보다는 디테일하게 쪼개서 내가 이 모임에서 해야 할 역할이 무엇이고, 이 모임이 앞으로 나가기 위해서는 어떻게 해야 하는지에 대해 고민하는 것이 중요하지 않을까 싶습니다. 저는 이 디테일의 힘을 믿고 열심히 이 모임에 참석하도록 하겠습니다.

R(Resolution): 다시 한번 결의를 다지기

PER 법칙의 마지막인 R은 레솔루션이다. 다시 한번 결의를 다지는 것이다. 한마디로 마지막에 "우리 한번 잘해봅시다."라고 끝내는 것을 말한다. 공식 석상에서 스피치를 할 때 마무리 멘트를 하지 못해 했던 말을 또다시 해서 길게 늘어지는 경우가 있다. 이럴 경우 한 가지 팁을 드리겠다. 이렇게 끝내면 좋다. "앞으로 우리 한번 잘해봅시다."

> **예** "우리 한번 서로 어울려 좋은 인연을 만들어갑시다."
>
> "우리 한번 스피치 공부 열심히 해보자고요~."
>
> "우리 오늘 홀인원 한번 꼭 합시다."

이렇게 마지막으로 "우리 한번 잘해보자~"라는 결의로 말을 마무리하면 스피치가 훈훈해진다. 더군다나 사람들은 '우리'라는 말을 좋아한다. 쇼핑호스트들이 다이어트 제품을 팔 때 항상 하는 말이 있다. "여러분, 다이어트를 하세요!"가 아니라 "여러분, 우리 한번 해보자고요~. 우리도 할 수 있어요. 우리도 비키니 입을 수 있습니다."라는 말이다.

'우리'라는 말은 '동질감'을 느끼게 해주기 때문에 함께 스피치를 한다는 느낌을 줄 수 있다. 마지막은 꼭 "우리 한번 잘해봅시다."로 마무리하는 것을 잊지 말자.

■ ■ ■　자기소개 스피치를 할 때 필요한 멘트

　　자, 자기소개를 어떻게 하는지 앞에서 살펴봤다. 그런데 이 글을 읽으면서 "그래요. 자기소개를 어떻게 하는 건지는 알긴 알겠어요. 그런데 머릿속에 있는 말이 입으로 나오지는 않아요. 어떻게 해야 할까요?" 하는 분들이 있을 것이다.

　대중 스피치를 할 때는 최소 3가지의 멘트가 필요하다. 첫째는 인트로 멘트, 일명 '던지는 멘트'다. 예를 들어 "여러분 오늘 날씨 춥죠?"라는 멘트가 바로 던지는 멘트다. 어떤 이야기를 풀기 위해 들어가는 도입부로 멘트를 던지는 것이다. 하지만 이 멘트 하나만으로는 부족하다. 마치 스테이크를 먹을 때 포크는 있고 나이프는 없는 느낌이랄까? 그래서 인트로 멘트를 던진 뒤에는 반드시 메인 멘트가 나와야 한다. 예를 들어 날씨와 관련된 인트로 멘트를 던졌다면 날씨의 속성과 연결된 멘트가 필요하다. 이럴 경우 기존에 내가 알고 있는 정보를 활용하거나, 따로 새로운 정보를 찾아내 활용하는 것이 좋다. 그다음 마지막은 클로징 멘트다. 모든 스피치에서 클로징 멘트는 항상 "우리 한번 잘해봅시다."로 끝나면 된다. 이러면 굉장히 분위기가 훈훈해질 수 있다.

　다음의 예를 통해 IMC(Intro, Main, Closing) 원칙에 대해 자세히 알아보자. 날씨를 소재로 자기소개를 하고 있다.

예 **인트로 멘트**

여러분, 오늘 참 춥죠?

앞의 예처럼 인트로 멘트를 청중을 향해 던졌다. 그다음에는 어떻게 해야 할까? 바로 "날씨가 춥다."에서 가지치기를 해 메인 멘트를 던져야 한다.

예 **메인 멘트**

- 추억: 어렸을 적 추워서 고생했던 이야기, 추웠을 때 만났던 분위기 있는 첫사랑 이야기
- 정보: 이렇게 갑자기 추워진 이유
- 칭찬: 이렇게 추운데도 불구하고 멀리 부산과 광주에서 이렇게 참여해준 것에 대한 감사 인사
- 현장: 오늘 너무 춥다 보니까 다들 손을 호호 불면서 들어오시더라고요.
- 속성: 날씨가 춥다. 마음이 춥다. 사람이 춥다.

마지막으로 클로징 멘트에 "우리 한번 잘해봅시다."의 의미를 담아 마무리한다.

예 여러분, 오늘 참 춥죠? 오늘 너무 춥다 보니까 다들 손을 '호호~'

불면서 들어오시더라고요. 여러분, 추운 손을 녹일 때 우리는 '호호~' 하고 따뜻한 입김을 불죠. 그런데 뜨거운 찐빵이나 군고구마를 먹을 때는 '후후~' 하고 시원한 바람을 불어넣습니다. 똑같은 입김이지만 어떻게 부느냐에 따라 다른 바람을 만들어낼 수 있죠. 여러분, 우리의 삶도 그렇지 않나 싶습니다. 어떤 사건에서 긍정을 불면 긍정이 나오고, 부정을 불면 부정이 나오죠. 여러분이 서로 긍정의 입김을 불어넣는 그런 인연을 맺었으면 좋겠습니다. 우리 한번 이 모임 잘해봅시다.

어떻게 인트로 멘트, 메인 멘트, 클로징 멘트를 해야 하는지 알겠는가? 이것뿐만이 아니다. 날씨 외에도 자신의 경험으로 자기소개를 할 수도 있다.

예 경험을 바탕으로 한 자기소개

여러분은 살면서 가장 힘들었던 순간이 언제라고 생각하십니까? (인트로 멘트) 저는 요즘이 아닐까 싶습니다. 저는 어제 저희 누님을 마음속에 묻고 장례식을 치른 뒤 오늘 이 모임에 왔습니다. 모임에 오면서 솔직히 '이 정신에 무슨 모임이 중요한가.'라고 생각했지만, 자신과의 약속을 지키기 위해 왔습니다. '내가 한 번 몸담았던 모임은 끝까지 함께하자.'가 제 신조이기 때문입니다. (메인 멘트) 비록 마음은 힘들지만 오늘 와보니 여러분이 제게 큰 위안이 되

어주셔서 얼마나 감사한지 모릅니다. 우리 이 모임의 인연 끝까지 한번 지켜가봅시다. (클로징 멘트)

이렇게 자기소개 에피소드를 만드는 것이다. 그런데 이 책을 읽으면서 "'호호~' 하고 불면 따듯한 입김이 나오고, '후후~' 하고 불면 시원한 입김이 나온다는 것을 알아야 말할 수 있는 것 아닙니까?"라고 말씀하는 분이 계실 것이다. 맞다. 스피치는 인풋(In-put)이 없으면 아웃풋(Out-put)도 없다. 인풋이 없는 사람들은 만날 했던 이야기를 또 하거나 "왕년에 내가 말이야…"란 말을 자주 한다. 메인 멘트는 반드시 사전에 준비해야 나온다. 누구나 인트로 멘트에서 메인 멘트를 가지치기할 수 있는 것은 아니다. 새로운 에피소드도 버전 업그레이드를 해야 한다. 그런데 많은 사람이 너무 꼭 외부에서 인풋을 찾으려고 한다.

외부에서 에피소드를 찾기 전에 내가 가진 소중한 에피소드를 먼저 살펴보자. 그럼 생각보다 훨씬 많은 주옥같은 말들이 내 기억 속에 자리 잡고 있음을 알 수 있을 것이다. 언젠가 여성들이 함께하는 경제인 모임에서 임원으로 활동하는 분과 말씀을 나눈 적이 있다. 정말 이런 명언이 없을 정도로 삶에 대한 주옥같은 에피소드를 많이 갖고 계신 분이었다. 그런데 '이런 말을 공식 석상에서 어떻게 말하나? 자신이 없다. 부끄럽다!'라는 생각으로 드러내지 못한다. 하지만 스피치는 영향력이다. 내가 어떤 말을 하느냐에 따라 다른 사람에게 위로와 동기부여 같은 영향을 미칠 수 있다.

'자기소개에 무슨 이렇게 복잡한 에피소드가 필요해?'라고 생각하는 분들도 있을 것이다. 이런 분들을 위해 간단하게 '날모명' 자기소개법을 알려드리겠다. 날모명 에피소드는 '날씨와 모임, 명언에피소드'를 줄인 말이다. 자기소개에 날씨, 모임, 명언 에피소드를 넣는 것이다.

첫 번째인 날씨는 누구나 공감할 수 있는 에피소드다. 같은 시간과 장소에 있다면 나에게만 비가 오는 것이 아니고 나에게만 가을이 온 것이 아니기 때문이다. 두 번째인 모임 에피소드는 어떻게 내가 이 모임에 오게 되었는지, 와보니 어떤 느낌인지 이야기를 푸는 것이다. 마지막으로 명언 에피소드는 평소 좋아하는 명언 2~3개 정도를 외워 말하는 것이다. 이때 인용하는 명언이 너무 구태의연하면 사람들의 흥미가 떨어진다. 참신하면서도 공감대를 형성할 수 있는 명언을 넣도록 하자. 이런 명언들은 자기계발 서적을 읽다 보면 정말 많이 찾을 수 있다.

■ ■ ■

스피치를 하기 위해 앞에 나갔다가 머릿속이 하얘지고 떨리는 증상은 누구나 한 번쯤 경험해봤을 것이다. 다시는 이런 경험을 하고 싶지 않다면 조금 귀찮고 힘들어도 책을 보면서 명언 하나 정도는 메모하거나 스마트폰 카메라에 찍어놓는 것이 좋다. 독일의

심리학자 헤르만 에빙하우스의 '망각 곡선'에 따르면 사람들은 어떠한 정보를 얻었을 때 한 시간 후에는 약 50%, 하루가 지나면 약 70% 이상을 잊어버리게 된다고 한다. 그렇다면 하루가 지나 잊히는 70%에 속할 것인가? 아니면 살아남아 기억되는 30%에 속할 것인가? 사람들의 마음속에 각인되는 자기소개부터 시작해보자.

다만 자기소개를 할 때 주의해야 할 점이 있다. 바로 '자기소개를 길게 하는 것'이다. 자기소개의 내용이 아무리 좋아도 조금이라도 시간이 늘어지면 청중은 지루해한다. 또한 자기소개라는 것이 특정 몇 명만 하는 것이 아니지 않은가? 많으면 수십 명에 이르는 전체가 돌아가면서 하는 스피치다. 다들 '나 언제하지? 너무 떨려.'라고 생각하며 자기 순서를 기다리기 때문에 자기소개를 길게 하는 것은 좋지 않다.

또한 자기소개를 할 때 자신을 너무 비하하거나 또는 반대로 자기 자랑을 너무 심하게 하는 것은 옳지 않다. "저는 부족하지만…" "저는 아무것도 모르지만…" 이런 식으로 겸손해하는 것도 보기 좋지 않다. 자기 자신에 대한 자신감 없이 자기소개를 하면 사람 자체에 대한 신뢰감이 떨어질 수 있기 때문이다. 반대로 "우리 회사는 매출이 얼마입니다." "저는 사람을 가려서 사귑니다." "저와 친해지고 싶은 분들은 말씀하세요."라고 거만하게 말하는 것도 역시 금물이다.

어떤가? 자기소개는 알고 보면 그렇게 어렵지 않다. 물론 자기소개를 그냥 심심하게 "안녕하세요. ○○○입니다. 앞으로 잘 부탁드립니다."라고 끝내는 것이 좋을 때도 있다. 바로 시간이 별로 없을 때다. 하지만 이런 경우를 제외하고는 자신을 PR할 수 있는 자기소개에 적극적으로 임하고 도전해보도록 하자. 자기소개, 이제 바꿔보자!

 체크 포인트

- 7초 안에 호감을 주는 자기소개를 할 것인가, 아니면 48시간 이상을 투자해 부정적인 이미지를 긍정적인 이미지로 바꿀 것인가?
- 자기소개를 할 때의 가장 좋은 에피소드는 현장형 에피소드다.
- 날씨, 모임, 명언과 관련된 에피소드는 언제 어디서든 간단하게 활용할 수 있다.

CHAPTER 12

건배사를 할 때
기억해야 할
TEC 법칙

. . .

건배사의 테크닉은 머리가 아닌 몸으로 옮길 수 있어야 하며, 소리를 내면서 연습해야 한다.
그래야만 정말 멋진 건배사를 할 수 있다.

"이게 그냥 커피라면, 넌 TOP야."라는 커피 광고를
기억할 것이다. 커피에 TOP가 있다면 건배사에는 TPO가 있다.
TPO는 Time(시간), Place(장소), Occasion(경우 또는 상황)의 약자다.
건배사를 할 때 이 TPO를 구별하지 못해 사람들의 인상을 찌푸리
게 하는 경우가 많다.

　　얼마 전 모 협회 회장님이 전 세계 인사들이 모인 자리에서 성적
인 건배사를 해 사람들에게 지탄받은 일이 있었다. 이런 경우처럼
CEO 모임에 가보면 여성들이 있는 자리에서 성적인 건배사를 하
는 경우를 심심찮게 보게 된다.

　　이 책을 빌어 강력하게 말씀드리겠다. 제발 퍼블릭 스피치(대중 스
피치)에서는 성적인 건배사 또는 농담을 하지 말길 바란다. 그 말을
들은 청중은 앞에선 웃지만 뒤에선 말은 한 리더의 인격을 깎아내

리고 있을 것이다.

또 어떤 리더는 이 TPO에 상관없이 자신이 외우고 있는 18번지 건배사 하나만 활용하기도 한다. 하지만 생각해보라. "진달래(진하고 달콤한 내일을 위하여)."라는 건배사를 어떤 모임이든지 매번 한다면 "레퍼토리 좀 바꿔라!"라는 말을 듣게 될 것이다. "우리의 영원한 발전을 위하여!"라는 건배사도 너무 심심해 자신의 매력을 드러낼 수 없다.

어느 모임에서 정말 수려한 모습의 대표님이 건배사를 하는 걸 본 적이 있다. 그런데 막상 건배사를 하는 순간 자신감 없어 하는 모습에 실망했다. 건배사는 짧기 때문에 임팩트가 있어야 한다. 그렇기 때문에 오히려 준비하면 잘할 수 있으며, 잘하는 사람과 못하는 사람이 극명하게 나뉜다. 또 자주 할 것 같지만 막상 할 기회가 별로 없는 스피치이기 때문에 더욱 어려워한다. 리더는 조직을 이끄는 사람이다. 리더가 술자리에서 건배사를 잘하지 못한다면 '건배사 하나 리드할 줄 모르는 사람이 어떻게 조직을 리드하는 리더가 됐어?'라고 생각할지도 모른다.

자, 이제 참신하고 사람들에게 각인될 수 있는 건배사에 도전해보자. 다음은 건배사를 잘할 수 있는 'TEC 법칙'이다. 이제부터 함께 알아보자.

▪ ▪ ▪   T(Thank you): 고마움부터 표시하기

　　TEC 법칙에서 T(Thank you)는 "이렇게 제게 건배 제의를 할 수 있는 영광을 주셔서 감사합니다."라고 인사하는 것이다. 어떤 사람들은 이 말이 구태의연하다고 말할지도 모르지만, 요즘에는 이 말을 너무 하지 않아 오히려 "영광이다."라고 말하면 건배사 자체가 격식 있어 보이고 겸손해 보인다.

　사실 건배사라는 것이 참 쉬워 보이지만 가끔 하려고 하면 참 어렵다. 그래서 처음부터 본격적인 이야기보다는 긴장을 풀 수 있는 T로 건배사의 첫 문을 열어보자. 어떤 모임에서 건배사를 할 수 있는 자격이 된다는 것은 정말 대단한 일이다. 많은 사람 가운데 선택된 것이 아닌가. 자신을 선택해준 것에 대한 고마움을 표시하는 것이 건배사의 시작이다.

　이때 "떨리는데 제가 잘할 수 있을지 모르겠네요.""아무것도 생각나지 않지만 그래도 한번 해보겠습니다.""이렇게 어려운 걸 왜 시키는 거예요."라고 절대 말하지 말자. 건배사는 생각보다 굉장히 간단한 즉흥 스피치다. 만약 모임에 참석하기 전에 한 번만이라도 '만약 건배사를 시키면 뭐라고 하지?'라고 생각했다면, 멋지게 일어나 건배사를 할 수 있었을 것이다.

　'준비 없는 성공'은 없다. 미리 준비하지 않았는데 건배사를 잘하고 싶다는 마음은 욕심일 뿐이다. 만약 미리 건배사를 준비하지 않왔다면, 그냥 앞에 있는 사람들과 자연스럽게 대화를 주고받는 어울림 스피치만 생각하자.

■ ■ ■ E(Episode): 에피소드 넣기

건배사 TEC 법칙에서 그다음으로 중요한 요소는 바로 E(Episode)로, 에피소드를 넣어 건배사를 하는 것이다. 건배사의 에피소드에는 크게 2가지가 있는데, '18번지 에피소드'와 '현장형 에피소드'다.

18번지 에피소드

18번지 에피소드는 말 그대로 언제 어디서나 활용될 수 있는 건배사다. 난 '라온제나'라는 건배사를 제일 많이 활용한다.

> **예** 감사합니다. 제게 이렇게 건배 제의를 할 수 있는 영광을 주셔서 감사합니다. 여러분, 저희 아카데미 이름이 '라온제나'인 것은 다 아시죠? 라온제나라는 말이 무슨 뜻이냐고 많이들 물어봐주시는데요, 라온제나는 '즐거운 나'라는 순우리말입니다. 여러분, 이 모임이 즐거워지려면 나부터 즐거워야 하지 않을까요? 오늘 이 모임을 통해 여러분이 스스로 즐거운 나 '라온제나'가 되셨으면 합니

다. 그럼 여러분 잔을 높이 들어주시고 제가 '라온'을 외칠 테니 여러분은 '제나'라고 말해주세요. "라온~" "제나~!"

예 여러분, 제가 얼마 전에 들은 말이 있는데 여러분께 소개하고자 합니다. 바로 '카르페 디엠', 현재를 즐기자는 라틴어입니다. 오늘 우리가 이렇게 한 해를 정리하는 연말 모임에서 만났으니까요, 다른 것은 다 잊고 현재를 그냥 즐겼으면 좋겠습니다. 자, 제가 먼저 '카르페'를 외칠 테니 여러분은 '디엠' 하고 큰 소리로 외쳐주세요. "카르페~" "디엠~!"

예 제게 이렇게 건배 제의를 할 수 있는 영광을 주셔서 진심으로 감사합니다. 제가 오늘 모임에 오면서 만약 건배사를 하게 되면 어떻게 할까 잠시 생각을 했었는데요. 이런 좋은 말이 있더라고요. '진달래.' 꽃 진달래가 아니라 '진하고 달콤한 내일을 위하여'라는 뜻이라고 하네요. 오늘 모이신 여러분도 반드시 내년에는 '진달래' 하시길 바랍니다. 그럼 제가 '진하고 달콤한 내일을 위하여!'라고 외칠 테니 여러분은 '진달래, 진달래, 진달래'라고 3번 외쳐주시면 됩니다. "진하고 달콤한 내일을 위하여!" "진달래, 진달래, 진달래!"

알아두면 유용한 18번지 건배사

- 통통통: 의사소통, 운수대통, 만사형통
- 위하여: 위기를 기회로! 하면 된다. 여러분 힘내십시오!
- 마무리: 마음먹은 대로 무슨 일이든 이루자.
- 오바마: 오직 바라는 대로 마음대로 이루어지길!
- 당신 멋져: 당당하고 신나고 멋지게 살되 가끔은 져주자.
- 술잔은 / 비우고 / 마음은 / 채우고 / 자신감은 / 세우자.
- 선배는 / 끌어주고, 후배는 / 밀어주고, 스트레스는 / 날리고
- 고진감래: 고객을 진심으로 생각하면 감동으로 돌아온다.
- 드라이버는 / 멀리, 퍼터는 / 정확하게, 아이언은 / 부드럽게
- 올버디: 올해에는 마음속에 욕심을 버리고 비워서 디지게 오래
  삽시다.
- 사우나: 사랑과 우정을 나누자.
- 단무지: 단순하고 무식해도 무지 행복하게 살자.
- 오징어: 오래도록 징그럽게 어울리자.
- 재건축: 재미나고 건강하게 축복받으며 삽시다.
- 변사또: 변함없는 사람으로 또 만나자.
- 마돈나: 마시고 돈 내고 나가자.
- 구구·팔팔·이삼사(99·88·234): 구십구(99) 세까지 팔팔(88)하게 살
  다가 이틀(2)만 아프고 삼(3)일째 죽는다는 뜻. 나이가 들더
  라도 건강하게, 활기차게 살아가자는 의미로 사용
- 구구·팔팔·이삼일(99·88·231): 구십구(99) 세까지 팔팔(88)하게 살
  다가 이틀(2)만 아프고 삼(3)일째 일(1)어나자.

노래방에 가면 늘 부르는 18번 노래가 있으면서, 왜 모임을 앞두고 18번지 건배사 정도도 준비하지 않는지 모르겠다. 회사에서 술자리에 가면 그냥 술만 마시기 참 재미없지 않은가? 그래서 건배사라도 해서 분위기를 띄우려고 하면 이것조차도 오히려 분위기를 깨는 리더들이 많다. 더 이상 그러지 말자. 이제 '왜 나한테 건배사를 시키지 않는 거야? 빨리 좀 시켜줘.'라는 생각을 할 수 있도록 건배사를 연습해보자.

18번지 건배사에 추가로 명언형 건배사도 있다. 명언을 넣어 건배사를 하는 것이다. 좋아하는 명언을 활용해 건배사를 만들면 내 감정이 잘 들어가 자연스러운 건배사를 할 수 있다.

> **예** 여러분, 사람이 성공하기 위해서는 3가지 마음이 필요하다고 합니다. 초심, 열심, 뒷심이죠. 이제 새해가 시작되었습니다. 지금 계획하고 있는 초심을 잊지 말고 열심히 한번 달려가봅시다. 아무리 어려운 일이 있더라도 마지막 뒷심을 발휘해 최선을 다해봅시다. 제가 '초심, 열심, 뒷심'을 외칠 테니 여러분은 '삼심, 삼심, 삼심'이라고 외쳐주세요. "초심, 열심, 뒷심" "삼심! 삼심! 삼심!"

현장형 에피소드

그런데 이 18번지 에피소드는 한 번 들으면 너무 식상하고, 작위적이라는 것이 문제다. 건배사를 하려고 준비한 티가 너무 날 수 있다는 것이다. 모임 분위기와 맞으면 좋은데 생뚱맞은 건배사를 하게 되면 너무 튀게 된다. 그럼 현장 분위기와도 어울리면서, 준비한 티도 별로 나지 않으면서, 식상하지도 않은 건배사 에피소드가 어디 없을까? 이것이 바로 '현장형 에피소드'다.

예 올해도 이렇게 30년 지기 고향 친구들과 부부 동반 송년 모임을 하게 되어 기쁩니다. 1년 동안 열심히 달리다 보니 정작 고마운 사람들한테 고마움을 표현하지 못할 때가 많습니다. 특히 우리 부인한테는 더욱 그렇죠. 그래서 저는 오늘 건배사를 우리 부인들을 위해 하려고 합니다. '나랑 결혼해줘서 정말 고맙다. 1년 동안 너무 수고했다.'라는 마음을 담아 '죽도록 사랑해!'로 건배합시다. 제가 '죽도록~'을 외칠 테니 여러분은 '사랑해~'를 외쳐주세요. "죽도록~" "사랑해~!"

예 **송년 모임**
올해 다들 어떻게 보내셨어요? 참 고된 한 해였습니다. 제게 있어 올 한 해 키워드가 뭐였나 고심해보니 뱃살, 딸아이의 결혼, 그리고 갈수록 예뻐 보이는 아내였습니다. 젊었을 때는 '술, 술, 술'이었는데 말이죠. 여러분의 올 한 해 키워드는 무엇이었습니까? 오늘 이 모임을 통해 한번 떠올려보면 어떨까요? 자, 제가 '올해의 키워드는?' 하고 외치면 오른쪽 방향으로 자신의 키워드를 말한 다음, 마지막으로 '내년에도 파이팅!'을 외쳐주시면 되겠습니다.
"올해의 키워드는?"

예 회식 자리

어느덧 올 한 해도 이렇게 저물어 갑니다. 우리 직원들은 올해 초에 세웠던 계획을 잘 지키고 마무리했나요?

예 퇴사 회식

그동안 수고했다. 너만 가냐? 나도 데려가라. 가서 잘해라. 잘 먹고 잘 살아라.

예 결혼식 피로연

너만 가냐? 나도 가자. 부럽다 친구야. 내 번호 지워라.

예 친구의 가게 오픈식

나도 좀 껴줘라. 맛집, 멋집! 새로운 인생을 위하여!

예 친구 부부 동반 모임

여보, 곰탕 좀 그만 끓여라. 여보가 최고야. 당신만 사랑해.
우리 갈 때 같이 가자.
다시 태어나도 나는 당신 꺼.

현장형 에피소드는 말 그대로 현장 분위기를 읽고 그에 맞는 건배사를 하는 것이다. 현장용 에피소드는 현장에 있는 사람들과 공감대를 잘 형성할 수 있어, 마치 내 몸에 딱 맞는 옷처럼 멋진 건배사를 할 수 있다. 사실 현장형 에피소드는 이름은 현장형이지만, 준비는 사전형이어야 한다. 현장형 에피소드야말로 사전에 준비하지 않으면 바로 나오지 않는다. 모임에 가기 전에 차 안에서 '내가 만약 건배사를 하게 된다면 어떤 내용으로 할까?'라고 꼭 한번 생각해보자.

■ ■ ■ C(Cheers): 힘차게 선창하고 후창하라

건배사 TEC 법칙의 마지막은 바로 C(Cheers)로, 힘차게 선창을 하고 후창을 하라는 의미다. 건배사 구호의 선창이 너무 작으면 후창도 작게 나온다. 선창을 크게 외쳐야 뒤따라오는 사람들의 목소리도 커진다. 선창을 작게 하는 경우 건배사의 맛이 떨어질 수 있으니 항상 건배사는 배에 힘을 주고 크게 외친다고 생각해야 한다. 또한 건배 제의를 하는 사람이 선창을 하고 나서 후창은 함께 외치지 않는 경우가 있는데, 선창과 후창 모두 함께해줘야 한다. 그래야 중간에 소리가 작아지거나 끊기지 않고, 소리가 자연스럽게 연결된다는 것을 잊지 말자.

반드시 건배사의 '리드멘트'를 해줘야 한다는 것도 중요하다. 선창과 후창을 명확히 나눠서 사람들이 내가 무엇을 말해야 하는지 헷갈리지 않도록 해야 한다. 예를 들어 "사우나로 건배 제의를 하겠습니다. 사우나~"라고 혼자 외치면 사람들은 무엇을 따라 해야 할지 구별이 되지 않아 건배사에서 제외될 수 있다. 건배사는 혼자 하는 스피치가 절대 아니다. 사람들과 함께하는 스피치이기 때문에, 다음의 예처럼 다른 사람들의 역할이 무엇인지 리드멘트를 통해 명확히 알려줘야 한다.

> **예** 제가 '사우나'로 건배 제의를 할 텐데요, 사우나는 '사랑과 우정을 나누자.'라는 뜻을 갖고 있습니다. 우리 오늘의 우정 영원토록 '사우나' 합시다. 그럼 제가 '사랑과 우정을 나누자.'라고 말할 테니 여러분은 '사우나'라고 외쳐주세요. "사랑과 우정을 나누자~" "사우나~"

선창과 후창이 어떻게 구분되는지 미리 친절하게 말해줘야 사람들이 헷갈리지 않고 따라 할 수 있다. 예를 들어 "죽도록 사랑해."라는 건배사를 할 때 "제가 '죽도록'을 외칠 테니 여러분은 '사랑해'라고 외쳐주세요."라고 구체적으로 말해주는 것이다. 그런 다음 "죽도록!"을 크게 선창하고 "사랑해~!"라는 후창까지도 함께 큰 소리로 하면 된다.

■ ■ ■ 건배사를 할 때 주의할 점

건배사를 할 때도 주의해야 할 점이 있다. 첫째, 너무 잘 하려고 욕심내지 말아야 한다. 건배사는 자연스러움이 중요하다. 건배사는 격식 있는 자리보다는 대부분 술자리에서 하며, 술을 더 맛있게 해주는 조미료 역할에 불과하다.

이 조미료 스피치를 너무 어렵고 부담스럽게 생각하지 말자. 건배사를 잘해야겠다는 생각에 준비한 건배사를 잊어버리거나, '실수하면 어떡해? 그냥 대충 하자.'라고 생각해 아예 준비해놓은 것을 하지 않는 분들이 많다. 하지만 "실패는 성공의 어머니"라고 하지 않는가? 건배사 하나 실패했다고 해서 인생이 달라지지 않는다. 건배사를 잊어버려 헤매면 그것 또한 청중에게는 큰 웃음을 줄 수 있는 유머 조미료가 되니, 어차피 술자리에서 품격 있는 주사 하나 더 했다고 생각하면 된다.

스피치에서 가장 큰 적은 바로 '두려움'이다. 굳이 생각하지 않아도 잘 나오던 말이 왜 스피치를 하려고 하면 생각이 안 나고 머릿속이 하얘질까? 바로 두려움 때문이다. 우리는 두려움의 대상을 너무 크게 생각해 더 큰 두려움으로 인식하는 경우가 많다. 그런데 한번 생각해보자. 술자리 건배사가 큰가, 여러분의 자신감이 큰가? 당연히 자신의 인생을 당당하게 살아가는 여러분의 자신감이 더 클 것이다. 두려워하지 말고 용기를 내자.

둘째, 건배사를 너무 길게는 하지 말자. 건배사는 보통 잔을 들고 하는데, 건배사가 너무 길면 사람들은 수전증을 겪는다. 만약 건배사가 길어질 경우 미리 사전에 "여러분 잔을 편하게 내려놔주세요."라고 말하라. 그런 다음 큰 구호로 건배 제의를 하기 전에 잔을 채워달라고 말하면 된다.

셋째, 술잔에 술을 채울 수 있는 시간을 줘야 한다. 에피소드 없이 건배 제의만 하게 되면 사람들이 서로 잔을 채워주기도 전에 건배 제의가 끝나는 경우가 많다. 건배사는 혼자 하는 스피치가 절대 아니다. 이 스피치는 혼자 하면 굉장히 외롭다. 사람들이 서로 잔에 술을 채우면서 서로 눈인사라도 할 수 있도록 해주자. 그럼 건배 제의가 한결 자연스러워질 것이다.

넷째, 건배사에 퍼포먼스가 들어가면 더욱 세련되어진다. 건배사를 '말'로만 한다고 생각하는 사람들이 많다. 한쪽 손에는 잔을 들고 있기 때문에 더욱 그렇다. 하지만 잔을 내려놓게 한 다음 간단한 동작을 요구하면 좋다. 한번 용기 내서 해보자. 다만 몸을 과도하게 움직이는 퍼포먼스는 금물이다.

예 네, 여러분. 오늘 모임에 오다 보니 어젯밤 우리나라 국가대표 축구팀이 동메달을 딴 것에 대해 정말 많이 말하시더군요. 4명의 수비수를 제치고 골을 넣은 ○○○선수 정말 대단하지 않습니까? 오른쪽 발로 '슛, 골인!' 하는 그 모습은 다시 생각해도 통쾌합니다.

우리의 인생에도 이렇게 한 방이 있어야 하는데, 내년에는 우리 인생에도 '슛, 골인' 하는 한 방을 넣으셨으면 좋겠습니다. 그런 의미에서 제가 '우리의 인생에도 한 방이 있다.'라고 외치면, 여러분은 '슛, 골인!' 하며 골을 넣을 때의 그 표정으로 외쳐주시면 되겠습니다. "우리의 인생에도 한 방이 있다." "슛, 골인!"

다섯째, 건배사에서 무조건 구호는 크게 외쳐야 한다. 선창이 커야 후창도 크다. 먼저 건배 제의를 외칠 때 내가 목소리를 크게 해서 외쳐야 뒤따라오는 구호도 커지게 되어 있다. 내가 선창을 외쳤다고 해서 후창을 하지 않는 분들이 많이 있다. 건배사를 하는 사람은 선창과 후창 모두 끝까지 동참해 소리를 내야 한다. 선창은 큰데 후창이 작아져 민망해지는 경우를 막기 위해서다. 건배사를 할 때는 기본적으로 '개선장군의 목소리'가 필요하다. 마치 지금 전쟁터에서 승리한 장군처럼 씩씩하게 건배사를 해야 한다.

어떤 사람들은 "꼭 굳이 그렇게 크게 소리를 내야 하느냐?"라고 말한다. 하지만 건배의 의미는 술자리에서 서로 잔을 들어 축하하거나 건강 또는 행운을 비는 것이다. 무언가를 축하하고 바라는 것이라면 힘없이 늘어지는 목소리보다는 간절한 바람을 담은 목소리가 훨씬 낫지 않을까? 자, 평소보다 목소리를 크게 해서 목소리에 간절한 소망을 담아 개선장군처럼 목소리를 내보자.

여섯째, 건배사는 마무리를 확실히 해야 한다. 건배사를 하고 나서 그냥 앉으려면 민망한 경우가 있다. 이럴 때는 "감사합니다."라는 인사를 하면 된다. 그러면 사람들은 자연스럽게 박수를 치게 되어 있다.

■ ■ ■

건배(乾杯)는 '마를 건'과 '술잔 배'로 이루어져 있다. 중국에서 유래된 말로 중국어 발음은 '간빠이'다. '건배'라는 한자를 풀면 '잔을 마르게 한다. 비운다.'라는 의미가 있다. 그래서 중국에서는 건배를 할 때는 술잔에 술을 한 번에 비워야 예의에 맞다.

요즘은 인문학 스피치가 유행이다. 동양의 공자와 맹자, 서양의 플라톤과 아리스토텔레스의 말을 인용해 자기소개를 하거나 축사를 하거나 건배사를 하는 것이다. 예를 들어 공자는 "유붕자원방래 불역락호(有朋自遠方來 不亦樂乎)"라고 했다. "벗이 있어 먼 곳에서 찾아오면 또한 즐겁지 아니한가?"이다. 만약 송년회와 신년회 때 오랜만에 친구들이 모였다면 이 말을 인용해 건배사를 해보면 어떨까? 이 말을 하고 "친구들아, 반갑다~."로 마무리해보자.

공식 석상에서 스피치를 할 때는 누구나 다 떨린다. 아나운서와 쇼핑호스트들에게 "방송을 할 때 떨리냐?"라고 묻는다면 백이면 백 모두 다 "긴장되고 떨린다."라고 말할 것이다. 이 떨림을 잠재우고 싶다면 스피치를 할 때의 테크닉이 얼마나 잘 준비되어 있느냐가 관건이다.

지금까지 건배사의 테크닉인 TEC 법칙에 대해 알아보았다. 이제 머리가 아닌 몸이 그걸 옮길 수 있도록 입으로 소리를 뱉어내 연습해보자. 이렇게 준비한다면 정말 멋지고 카리스마 있는 건배사를 할 수 있게 될 것이다.

 체크 포인트

- 건배사를 할 때 명심해야 할 첫 번째는 자신이 그 자리에 선 것에 대한 고마움의 표시다.
- 건배사를 하는 사람은 선창을 하고 난 다음에 후창도 함께 외쳐줘야 소리가 자연스럽게 연결된다.
- 건배사 스피치는 가장 큰 적은 '두려움'이다. 아무리 큰 술자리라도 용기를 갖고 건배사를 하자.

CHAPTER 13

사람들의
기억에 남는
축사를 하는 방법

• • •

스피치의 기본은 청중과의 '눈빛 맞춤'이다. 청중과 시선을 나눠야만 사람들이 내 말을 듣는다.
축사를 할 때 청중과 시선을 나눠야 한다.

역사적으로 가장 유명한 축사는 바로 1941년 윈스턴 처칠이 옥스퍼드 대학 졸업식 때 한 축사일 것이다. 처칠은 시가를 입에 물고 연단에 올랐다. 모두 숨죽이고 그의 축사를 기대했다. 처칠은 천천히 나지막이 말을 했다. "Don't give up(포기하지 마라)." 청중들은 다음 말을 기다렸다. 처칠은 좀 더 힘 있는 목소리로 말했다. "Never give up(결코 포기하지 마라)." 강당은 여전히 조용했고 처칠은 시가를 한 모금 빨고 다시 외쳤다. "Don't you ever and ever give up(절대 절대 포기하지 마라)." 채 3분도 되지 않아 축사는 이렇게 끝났다. 처칠은 모자를 쓰고 연단을 천천히 내려왔다. 사람들은 열광적으로 박수를 쳤고 일부는 울먹였다.

또 하나의 유명한 축사는 바로 2005년 스탠포드 대학에서 했던 스티브 잡스의 졸업식 축사일 것이다. 처음에 스티브 잡스는 유명한 극작가인 애런 소킨에게 졸업식 축사 작성을 부탁했다고 한다. 하지만 연설 전날까지 원고가 도착하지 않았고 그래서 할 수 없이 스티브 잡스가 직접 자신의 이야기로 축사를 작성했다. 스티브 잡스는 그의 인생에서 3가지 역경 이야기를 담은 축사를 했고, 사람들은 많은 감동을 받았다.

사람들에게 큰 감동을 준 또 하나의 축사로 해리포터 시리즈 작가인 조앤 K. 롤링의 2008년 하버드 대학 축사도 있다. 그녀는 아이가 있는 이혼녀이자 실직자였던 자신의 인생을 회상하며, '실패를 통해 얻은 깨달음의 중요성'에 대해 말했다.

이처럼 유명 인사들은 정말 축사를 많이 하지 않는가? 그런데 이 축사란 게 정말 쉽지 않은가 보다. 나도 스피치 현장에서 숱한 축사들을 들었지만, '축사'만큼은 정말 기억에 남는 좋은 것을 만나본 경험이 별로 없다. 대부분은 너무 딱딱하고 재미없는, 그래서 하품이 절로 나오는 축사들이었다. '언제 끝나나?'라고 생각하며 시계를 자꾸 보게 되는 축사가 대부분이었다.

물론 정치인이 선거철을 맞아 이익단체를 방문해 하는 축사가 부드러울 수만은 없을 것이다. 하지만 얼마든지 이성과 감성을 나눠 축사 스피치를 할 수 있다. 혹시 지금 우리는 너무나 이성적이고 합리적인 축사만을 하고 있지 않은가?

■ ■ ■ 기억에 남는 축사의 조건

축사는 말 그대로 축하의 뜻을 나타내는 글이나 말이
다. 그런데 축하하는 마음도 담지 않고 그냥 의례적으로 축사를 하
는 경우를 많이 본다. 예전에 모 의원에게 출판 기념회 행사 진행
을 부탁받은 적이 있었다. 보건복지 전문가였던 그분은 개인의 사
회적 책임에 관한 책을 출간했고, 많은 의원이 출판 기념회에 참석
했다. 사회적으로 인지도가 있는 몇몇 분이 나와 축사를 하는데, 이
게 웬일인가? 책의 내용에 관해서는 아무런 언급 없이 평소 자신이
가진 정치 소견만 나열한 채 내려오는 것이 아닌가? 출판 기념회
를 축하해주러 왔으면 책을 축하해주는 것이 맞지 않을까? 출판 기
념회에 오면서 책을 다 읽지는 못해도 한 구절 정도는 좋은 내용을
뽑아 축사에 인용할 수 있지 않을까? 그랬다면 훨씬 더 성의가 있
어 보였을 것이다.

예 나쁜 예

안녕하십니까? 축사를 맡은 ○○○입니다. 오랫동안의 고생이 결
실을 보아 이렇게 개업하게 된 것을 진심으로 축하합니다. 우리 ○
○○씨는 오직 이 한 길만 걸어오셨고 갖은 노력을 했습니다. 사장
님의 성실한 인품에 경의를 표하는 바입니다. 여러분, 우리 ○○○
사장님의 첫걸음에 큰 박수를 보내줍시다. .

이 축사는 어떤가? 내용은 축사의 방향과 잘 맞아떨어지기는 하지만, 사용하는 단어들이 너무 추상적인 단어들만 나열되어 있어 머릿속에 남지 않는다. 사실 개업식 축사를 할 정도면 평소 남다르게 인연이 두터운 분일 가능성이 많다. 그렇기 때문에 개업한 사장님이 이 길을 걸어가면서 가진 소신이나 철학, 어려웠지만 극복했던 일을 구체적으로 넣으면 더욱 좋지 않을까?

예 좋은 예

저는 오늘 이 가게를 개업한 사장님과 20년 지기 친구 ○○○입니다. 제 가장 소중한 친구가 그간의 고생을 뒤로하고 이렇게 큰 식당을 개업하게 되어 정말 제 일보다 더 감사하고 행복합니다. 제가 보기에 우리 친구의 성공 비결은 바로 '관심'입니다. 이 친구는 맛에 대한 관심이 많습니다. 지금도 너무나 맛있는데, 더 맛있는 맛을 위해 새벽 4시에 일어나 밤 12시까지 음식을 연구하고 개발합니다. 또한 이 친구는 사람에 대해 관심이 많습니다. 식당에 오시는 손님들이 어떤 점들을 불편해하는지, 어떤 음식을 내면 좋을지 항상 관심을 갖습니다. 이 2가지에 대한 관심 덕분에 지금의 자리에 오를 수 있었다고 생각합니다.

얼마 전 모 의원이 도서관 개관식에서 했던 축사를 우연히 발견했다. 이런 축사야말로 사람들의 기억에 남는 좋은 축사다.

예 저는 늦깎이로 미국 유학을 갔습니다. 제가 살았던 곳은 인구 2만 5천 명에 우리 식으로 하면 동 정도밖에 안 되는 곳이었지만, 아주 큰 시립 도서관이 있었습니다. 정말 책도 많고 시설도 좋은 곳이었죠. 가난했던 유학생 시절이었기 때문에 아이들을 데리고 무료였던 그 도서관에 항상 갔던 기억이 납니다. 저는 그때 '국부란 이런 것이다.'라는 생각이 들어 많이 부러웠습니다. 그런데 오늘 이곳에 와보니 도서관에 책도 많고 시설도 아주 훌륭해 '우리도 이제 이런 시설을 갖추게 되었구나.'라는 생각이 들어 감개무량합니다.

추상적인 단어의 나열이 아닌 자신의 구체적인 경험과 소신이 녹아든 축사였기에 사람들의 기억에 남는다. 이렇게 어떤 곳에 가서 어떤 축하를 해줘야 하는지 정확한 방향성을 잡은 축사를 하는 것이 좋다.

■ ■ ■   축사를 할 때 TIMC 법칙을 기억하라

축사를 할 때는 TIMC 법칙을 기억하면 된다. 먼저 TIMC 법칙의 첫 번째인 T는 "감사합니다(Thank you)."라고 말하는 것이다. 어떤 모임에 축사를 맡아 한다는 것은 굉장한 영광이다. 축사를 할 만한 자격이 부여되는 것이기 때문이다. 그래서 꼭 축사를 하기에 앞서 청중들에게 "이렇게 제게 축사를 할 수 있는 영광을 주셔서 정말 감사합니다."라고 말하는 것이다. 자칫 지나치기 쉬운 작은 것이지만 청중들에게 훈훈한 감정을 줄 수 있다.

두 번째인 I는 자기소개(Introduce myself)를 하는 것이다. 만약 동창회 모임 축사면 나는 몇 년도 졸업생이며, 현재 어떤 일을 하고 있는지 말하는 식이다. 사람들은 말하는 연사가 어떤 일을 하고 어떤 생각을 하고 있는지 궁금해한다. 적절하게 자신을 노출함으로써 연사에 대한 청중들의 궁금증을 풀어주자.

TIMC 법칙의 세 번째인 M은 축사에서 가장 중요한 하이라이트다. 바로 '이 모임이 나에게 어떤 의미(Meaning)가 있는지'를 말하는 것이다. 여기서 말하는 '의미'는 오늘 내가 이 모임에 와서 느낀 점이나 평소의 생각, 모임과의 인연, 모임에서 하는 일 가운데 가장 관심을 가진 일, 평소 이 모임의 성격과 자신의 소신이 맞아떨어지는 점 등을 말하는 것이다.

TIMC 법칙의 마지막인 C(Congratulation), 즉 "축하합니다."로 마무리하면 된다.

> 예 제게 이렇게 동문회 행사 축사를 할 수 있는 영광을 주셔서 진심으로 감사드립니다. 또한 모교에 끊임없는 애정과 관심을 갖고 이런 자리를 마련해주신 ○○○ 동문 회장님께도 감사드립니다. 여러분, 오늘은 우리 ○○초등학교가 개교를 한 지 60주년이 되는

해입니다. 그동안 각계에서 눈부신 활동과 활약을 해오신 동문 여러분께도 이 자리를 빌려 진심으로 감사의 말씀을 전합니다.

예 여러분! 저는 ○○기업에서 대표로 일하고 있습니다. 우리 회사는 골프공을 만드는 업체로 한 해 많은 매출은 아니지만 이 분야 최고의 기업으로 성장하고 있습니다. 얼마 전 세계적으로 유명한 한 골프 선수를 만나 이런 질문을 했습니다. '야구 선수들이 홈런을 칠 때는 야구공이 축구공만 하게 보인다고 하는데, 골프에도 그런 것이 있습니까?' 그러자 그 골프 선수가 '우승을 하는 날은 공도 커 보일 뿐만 아니라 호미로 골을 파놓은 것처럼 보여 그 골 안으로 공을 넣으면 됩니다.'라고 말하는 것이 아닙니까?
여러분, 우리는 지금 지난날 선배님들이 다져놓은 길을 그냥 따라가기만 하면 버디를 할 수 있는 좋은 기회를 눈앞에 두고 있습니다. 그러니 오늘 모임을 통해 더욱 힘을 내서 함께하는 동문회, 함께 나눌 수 있는 동문회로 거듭났으면 좋겠습니다. 지금까지 제 말을 들어주셔서 감사합니다.

축사를 너무 딱딱하게 말하는 사람들이 많다. 원고를 준비해와서 그대로 읽기 때문이다. 다음 예시의 축사를 그대로 읽기만 한다고 생각해보라. 딱딱하지 않겠는가?

예 오늘 행사를 계기로 우리 동문회가 더욱 발전할 수 있는 화합의 장이 되었으면 좋겠습니다. 우리 학생들은 이러한 선배들의 모교 사랑을 본받아 학교 사랑, 나라 사랑, 민족 사랑으로 승화시키길 바랍니다.

제발 이런 식의 축사에서 이제는 벗어나 사람들에게 오랫동안 기억될 수 있는 축사에 도전해보자.

■ ■ ■

축사를 말할 때 주의해야 할 점이 있다. 축사의 성격에 맞춰 진심으로 축하하는 마음을 맘껏 표현하라는 것이다. 대부분의 사람은 축사를 연설문의 한 종류라고 생각해 냉정하고 이성적으로 말하는 분들이 많다. 하지만 축사는 축하를 해주는 연설문이다. 축하한다는 마음을 표정과 목소리로 표현해야 한다.

축사를 할 때는 시간을 지키는 것도 매우 중요하다. 보통 축사는 짧으면 3분, 길면 5분 정도다. 그런데 이 정해진 시간이 있음에도 불구하고 시간을 넘겨 축사를 길게 하는 경우가 많다. 아무리 좋은 내용의 축사라고 해도 사람들이 집중할 수 있는 시간은 길어야 5분이다. 또 축사가 길어지면 사회자와 행사 진행자들은 진행에 차질이 생기기 때문에 마음이 바빠진다. 그러므로 축사는 최대 5분을 넘기지 않는 것이 중요하다.

또한 축사를 읽을 때 시선을 너무 아래에 있는 원고에만 두지 않는 것도 잊지 말아야 한다. 스피치의 기본은 바로 청중과의 '눈빛 맞춤'이다. 청중과 시선을 나눠야만 사람들은 내 말을 듣는다. 원고를 읽더라도 문장의 맨 끝에서는 고개를 들어 청중과 시선을 나눠야 한다.

💡 체크 포인트

- 사람들의 기억에 남는 축사를 하려면 소신이나 철학, 혹은 구체적인 에피소드를 활용하라.
- 축사를 할 때는 '축사에 대한 감사인사-자기소개-의미-축하인사'의 틀을 기억하면 좋다.
- 축사는 이성적인 성격의 연설문이 아닌 축하해주는 연설문이다. 진심으로 축하하는 마음을 표현해야 한다.

CHAPTER 14

청중과
호흡할 수 있는
강연의 기술

• • •

강연은 책이 아니다. 현장에서 청중들과 호흡하는 것이다.
설명체가 아닌 대화체로 말하는 것이 중요하며, 청중과 서로 질문을 던지고 받아야 한다.

　　어느 기업의 CEO가 자신의 모교 대학에서 강의하게
되었다며 찾아왔다. 그래서 그냥 편하게 대표님이 가진 생각을 풀
어놓으라고 말씀드렸다.

　　CEO는 처음에는 자신이 뭐 대단한 것도 아니고 별로 할 말이 없
다고 했다. 그래놓고 예전 사업할 때 고생했던 경험담부터 어떻게
성공했는지의 성공 히스토리를 한 보따리 풀어놓는 것이 아닌가?
그래서 나는 그 에피소드를 모아 논리적인 구조에 맞춰 짜드렸고,
그 결과 그 CEO는 모교에 가서 아주 감동적인 스피치를 할 수 있
었다.

　　얼마 전에는 〈신토불이〉를 부른 가수 배일호 씨가 강의를 준비
하기 위해 라온제나를 찾았다. KBS 교양 프로그램에서 '어머니'와
관련된 강의를 해야 하는데, 사람들에게 감동을 줄 수 있는 강의를

하고 싶다는 것이었다. 그만큼 우리는 요즘 '강연 전성시대'에 살고 있다. 각종 방송 매체의 강연 프로그램을 통해 유명한 강사나 강사가 아닌 일반인들이 자신이 가진 열정과 노하우를 전달하고 있다. 모교에 가서 학교 후배들에게 강의해야 하는 CEO, 사원들의 직무교육을 담당해야 하는 임원, TV 프로그램에 나가 강의를 해야 하는 연예인 등 정말 '강연의 홍수' 속에 살아가고 있다. 그런데 이 홍수가 나는 정말 반갑고 고맙다. 이제는 삶에 보탬이 되는 강의를 TV나 스마트폰으로 얼마든지 볼 수 있기 때문이다.

■ ■ ■ 청중과 호흡할 수 있는 오프닝 기술_질문

강의를 할 때 중요한 것은 바로 '청중과 호흡할 수 있는 오프닝'이다. 강의할 때 청중을 끌어당기는 오프닝을 하려면 어떻게 해야 할까? 일단 청중에게 질문을 하는 것이 좋다.

사실 대부분의 강연자는 청중에게 질문하지 않고 그냥 자기가 하고 싶은 말을 속사포처럼 털어놓는 경우가 많다. 하지만 이렇게 해서는 청중과 호흡할 수 없다. 청중에게 질문을 던져 강연을 이끌어야 한다. 이때 청중에게 하는 질문은 안부나 요즘 이슈가 되는 뉴스에 대해 청중이 어떤 생각을 하고 있는지에 대해 물어보면 효과적이다. 다음은 질문을 통한 강연 오프닝의 예다.

예 안부를 묻는 경우

- 여러분! 오시는 길에 차가 막혀 힘들지 않으셨나요?

- 요즘 날씨 참 덥죠? 이렇게 더운 날에도 강의를 들으러 오시다
  니 정말 대단하십니다.

- 요즘 휴가철인데 다들 휴가는 다녀오셨나요?

- 올해도 다 끝인데 올 초에 세웠던 계획들은 잘 지키셨나요?

예 뉴스에 대해 묻는 경우

여러분, 어제 축구 보셨나요? 올림픽에서 태극전사들이 동메달을
땄죠? 수비수 4명을 제치고 넣은 ○○○ 선수의 멋진 골~! 우리
인생에도 이런 한 방이 있어야 할 텐데…, 그런데 한 방만을 바라
보다가 한 방에 떨어져나갈 수도 있습니다.

예 마음을 묻는 경우

여러분, 오늘 스피치를 강의한다고 하니까 속으로 '앞에 나와서 발
표하라고 하면 어떻게 하지?'라며 걱정하셨죠? 걱정하지 마세요.
오늘은 앞으로 나와서 발표하는 것은 없으니까 편하게 수업 들으
셔도 좋습니다.

예 오늘 '성공학'에 관한 강의를 한다고 하니까 여러분 가운데 이렇게
생각하신 분 있을 거예요. '그래, 강사가 얼마나 성공했는지 한번

들어보자.' 저는 흔히 사람들이 말하는 성공한 사람은 아닙니다. 하지만 지금까지 제 삶을 재미있고 열정적으로 산 사람임에는 틀림없습니다. 오늘 저는 성공에 대한 이야기보다는 제가 어떻게 재미있게 제 일을 즐겼는지에 대한 이야기를 하려고 합니다.

청중에게 질문을 할 때 중요한 것이 있다. '참여형 질문'이 아니라 '수사형 질문'을 하라는 것이다. 참여형 질문은 사람들에게 질문을 통해 어떠한 결과를 받아내는 질문으로 간단하게 O, X를 요구하는 질문이다. 하지만 수사적 질문(설의법)은 실제로 대답을 전제하는 것이 아니라 수사학적 효과만을 노린 질문 형식이다. 그래서 연사가 이미 가정하고 있는 답에 청중이 참여하도록 기회를 주는 질문이다. 예를 들어보자.

예 오늘 아침 식사하신 분, 손들어 보세요? (참여형 질문)

바쁜 아침에 참 식사하기 힘들죠? (수사형 질문)

사람들은 처음부터 직설적으로 자신에게 행동을 요구하는 질문을 좋아하지 않는다. 연사가 청중에게 달려들면 달려들수록 사람들은 피하게 된다. 천천히 청중과 친해지는 방법, 그것이 바로 수사형 질문을 하는 것임을 잊지 말자.

■ ■ ■ 청중과 호흡할 수 있는 오프닝 기술_에피소드

우리는 앞에서 질문을 통해 청중과 호흡하는 기술을 배웠다. 그렇다면 질문 외에 청중의 관심을 끄는 방법은 또 무엇이 있을까? 그것은 바로 '에피소드 넣기'다. 에피소드는 스토리를 만드는 '단위'를 말한다. 에피소드가 모여서 하나의 스토리를 형성하는 것이다. 오프닝에 에피소드를 넣으면 사람들은 내 말에 집중하게 된다. '오늘 강의, 왠지 추상적이고 어려운 강의가 아니라 아주 재미있는 강의가 될 것 같은데?'라는 느낌을 주려면 청중이 관심이 있을 만한 에피소드를 넣어주면 된다.

그럼 청중이 관심이 있을 만한 에피소드는 무엇이 있을까? 그런데 청중이 관심 있을 만한 에피소드를 이야기하기 전에 꼭 다뤄야 할 것이 있다. 바로 '청중을 쪼개는 것'이다. 왜 청중을 쪼개는 것일까? 그것은 청중에 따라 관심사가 다르기 때문에 청중 쪼개기를 해서 에피소드를 달리 말하는 것이다.

청중은 먼저 연령에 따라 쪼개는 방법이 있다. 중학생인지, 고등학생인지, 대학생인지, 직장인인지, 40~50대인지, 60~70대인지에 따라 다른 에피소드를 넣어야 한다. 예를 들어 대학생들에게 강의하는데, 에피소드가 오프닝부터 너무 전문적이면 관심 끌기에 실패할 수 있다. 이럴 때는 요즘 대학생들이 관심 있어 하는 소셜 네트워크에 관련된 내용이라든지 뉴스, 연인 이야기, 취업 이야기, 시험 이야기, 학창 시절 이야기 등으로 스피치의 포문을 열어야 한다.

청중을 쪼개는 두 번째 방법은 '적극성'에 따라 쪼개는 것이다. 여기서 말하는 적극성은 '얼마나 내 강의에 청중이 적극적이냐'를 말한다. 청중이 내가 강의할 내용에 집중하는 태도나 자세(Attitude) 가 되어 있다면 오프닝 에피소드는 굳이 넣지 않아도 된다. 이런 청중들은 내가 강의할 내용에 대해 전문성을 어느 정도 갖추고 있을 가능성이 많으므로 간단한 오프닝 에피소드를 한 다음 바로 본격적인 강의에 들어가도 된다.

> 예 여러분! 이렇게 퇴근하고 나서 보이스 트레이닝 강의를 들으러 오신 여러분, 정말 대단합니다. 아니, 사실 살아가면서 내 목소리에 대한 관심을 갖는 것은 참 어려운 일이 아닐까요? 어떤 사람들은 말합니다. '아니 목소리 훈련을 왜 받아? 그냥 대충 말하면 되는 것 아냐?' 그런데 아니죠. 내가 한 단계 더 나아가고 다른 사람과 잘 소통하기 위해서는 목소리 훈련이 정말 중요합니다.

오프닝에 에피소드를 넣을 때는 '연사의 공신력'을 자랑할 수 있는 에피소드를 넣는 것도 좋다. 자신의 분야에서 전문성이 있는 강사는 오프닝에서 자신에 대해 알려주는 것이 좋다. 예전에 상상력에 관해 강의를 들은 적이 있었다. 강의 내용은 좋았으나 일자톤의 지루한 말투와 단조로운 에피소드 전개로 '언제 강의가 끝나지?'라는 생각을 할 지경이었다. 그런데 마지막 PT에서 깜짝 놀랄 일이 발생했다. 강사가 내가 정말 감동적으로 읽은 책의 저자가 아니었던가. 나는 땅을 치고 후회했다. '강의에 더 집중할걸…'이라고 말이다.

강의할 때는 '청중과 공감할 수 있는 에피소드'를 많이 준비해야 한다. 그래서 강사는 생활 속에서 접하는 다양한 에피소드를 놓치지 않고 기록하고, 이를 적절히 강의에 활용하도록 노력해야 한다. 모든 순간에 영감을 주는 대화를 기록하라. 그러기 위해서 항상 깨어 있어야 하고, 생활 속의 대화와 경험 및 떠오르는 발상을 놓치지 않도록 해야 한다.

강의 주제를 받으면 최소 2주간 그것을 중심으로 생각을 정리하고 에피소드를 모아야 한다. 아니면 평소에 폴더를 만들어놓은 후 한 주제에 대한 에피소드를 수집하도록 한다. 그다음 한 달에 한 번 폴더별로 주제에 관한 에피소드와 메모를 정리해둔다. 이렇게 해두면 나중에 강의를 할 때 큰 도움을 얻을 수 있다.

사람들이 좋아하는 첫 번째 에피소드는 '어려웠지만 극복했던' 에피소드다. 유명 인사의 예보다는 나의 에피소드, 사례, 생각, 경험들을 잘 풀어서 이야기하면 청중들에게 쉽게 다가갈 수 있다. 그러면 청중들은 강사를 이제 잘 알게 되었다고 생각하고 스피치에 편안하게 몰입할 수 있다. 청중은 자기가 잘 모르는 상대의 이야기에는 귀를 기울이지 않는다. 너무 사적인 이야기가 아니라면 적절히 자신을 노출하라. 최근에 내가 읽은 책들, 신문기사에서 느낀 점, 청중에게 당부하고 싶은 말들, 내가 하고 있는 고민 등에서 힘들었지만 극복했던 에피소드를 찾아보자.

내가 처음 스피치 아카데미를 차렸을 때는 친구의 오피스텔에 낮 동안 세를 들어 교육을 했었다. 하지만 한 달도 못 되어 나와야만 했다. 옆집에 살던 주민이 너무 시끄럽다며 경찰에 신고를 했기 때문이었다. 홍대 옥탑방에 학원을 냈을 때는 오후 8시면 1층 로비문을 잠그는 관리소장님 때문에 건물에 갇혀 집에 가지 못한 일도 있었다. 이런 식의 에피소드를 적절하게 스피치에 녹이는 것이다.

사람들이 좋아하는 두 번째 에피소드는 바로 '성공담'이다. "제 마음은 항상 라온제나에 있습니다." 라온제나에서 만났던 분들이 몇 년이 지난 지금도 내게 하는 말이다. 몸은 따로 떨어져 있지만 항상 라온제나를 기억한다는 것, 라온제나가 그들에게 스피치의 고향이 될 수 있다는 것 그 자체가 너무 행복하다.

"예전에 말을 못했다는 것이 믿겨지지 않아요." 예전에 내가 너무 말을 못해 많이 힘들었다는 것을 믿지 않는 사람들이 많다. 얼마 전 강의를 통해 나를 너무나 힘들게 했던 아나운서의 형수를 만난 적이 있었다. "선생님 예전에 말 정말 못하셨다면서요?" 그 말을 들은 우리 아카데미 직원들과 회원들이 그제야 내 말을 믿는 눈치였다. 스피치와 보이스는 모두 기술적인 면을 갖고 있다. 기술은 테크닉이다. 물론 기술만으로 좋은 스피치를 할 수 없지만, 분명 기술적인 면이 있기 때문에 반복훈련을 통해 기술을 습득하면 내가 원하는 당당하고 자신감 있는 스피치를 할 수 있다.

난 신화를 쓰는 삶을 살고 싶다. 그 누군가의 신화를 부러워하지 않고 내 신화를 쓰는 것이다. 아이들과 재미있게 놀아주는 것도 하나의 신화다. 힘들지만 등산을 하며 정상에 오르는 것도 신화다. 어려운 프로젝트를 성공하는 것 또한 신화다. 시도하지 않고 변화하지 않으면 신화를 쓸 수 없다. 하루하루 신화를 쓰다 보면 큰 신화를 만들어낼 수 있다. 나처럼 강의를 하는 사람들은 누군가의 신화를 이루어주는 것이 바로 나의 신화가 된다. 그것이 나를 움직이게 하는 큰 동력이다.

사람들이 좋아하는 세 번째 에피소드는 '진짜 이야기'다. "여러분 열심히 살아야 합니다. 열심히 살아야 성공해요."라는 말보다는 진짜 내 마음속에 있는 이야기를 하는 것이다. 어려운 시절을 거쳐 자수성가를 한 분이 창업을 준비하는 분들에게 도움이 될 수 있는 강의를 해야 한다며 나를 찾아왔다. "어떤 내용으로 강의를 하고 싶으세요?"라고 여쭤보니 자기는 별로 고생도 하지 않았고 열심히 한 것도 없는데, 운이 좋게도 성공해서 도대체 무슨 말을 해야 할지 모르겠다고 했다.

그런데 이게 웬일인가? 그분과 대화를 나누다 보니 이분이야말로 '산전수전 공중전'까지 겪으신 분이 아닌가? 그분은 사업을 시작할 때의 초심을 잊지 않기 위해 지금도 맨손으로 고객들의 화장실 청소를 직접 한다고 했다. 그렇게 화장실을 청소하고 나면 고객과 스스럼없이 친하게 다가설 수 있어 참 좋다는 말씀을 들으며 배우는 게 많았다.

"저는 우리 회사에 오는 고객을 공경했습니다. 어느 날 책을 보니 이런 말이 있더라고요. '공경이란 첫째는 그 사람이 원하는 것을 해주는 것이고, 둘째는 그 사람을 기쁘게 해주는 것이며, 셋째는 행여 그렇지 못할 상황이라도 공경하려고 노력하는 것이다.' 저는 그냥 '고객이 정답이다.'라고 생각하고 고객을 공경했어요."

성공한 분들을 만나보면 특별한 것은 없지만, 그 특별하지 않은 뭔가를 꾸준히 한 분들임을 알 수 있다. 그래서 그분들은 "내가 한 것이 별로 없다."라는 겸손의 말들을 많이 하신다. 또는 "운이 좋아서…"라는 말도 하신다.

진짜 마음속에 있는 이야기를 뱉어보자. 진짜 이야기는 단지 그대로 가짜와 진짜의 차원이 아니라 내 마음속 저 구석에 혼자 웅크리고 있는 이야기다. 입으로 소리 내서 말해본 적은 없지만 하루하루 살아가면서 내 중심을 잡아줬던 이야기 말이다.

그런데 이 진짜 이야기를 입으로 말하려면 사실 최소 2주간의 시간이 걸린다. 이 2주간 내가 강의할 내용과 제목에 대해 몰입해야 진짜 이야기가 나온다. 평소 어떻게 살아가야 하는지, 나를 지탱해준 키워드는 뭐였는지 돌이켜보면 진짜 이야기를 할 수 있을 것이다.

■ ■ ■ 설명체가 아닌 대화체로 강연하라

강의를 잘하기 위해서는 설명체가 아닌 대화체로 말하는 것이 중요하다. 스피치는 혼자서 하면 굉장히 외롭다. 스피치는 청중과 서로 질문을 주고받으며 대화체의 스피치를 해야 함께한다는 생각이 든다. 그럼 대화체로 말한다는 것은 무엇일까? 청중에게 질문을 하는 것일까, 아니면 말 안에 따옴표를 집어넣는 것일까, 아니면 문장을 짧게 가지고 가는 것일까? 바로 스피치 기법을 사용하면 된다.

예를 들어 누군가가 "여러분 스피치를 잘하는 것 참 중요한 일입니다. 우리는 어렸을 적 스피치에 대해 배워 본 적이 없어 더욱 어렵다고 생각합니다. 하지만 알고 보면 그리 어렵지 않습니다."라고 말했다. 또 어떤 사람은 "여러분! 스피치 참 중요하죠? 그런데 참 어렵죠? 우리 어렸을 적 스피치 배운 적 있나요? 아마 대부분은 '아니오, 배워본 적이 없어요.'라고 말씀하실 거예요. 하지만 여러분, 스피치를 배우는 것은 그리 어렵지 않습니다."라고 말한다. 이 중 어떤 사람이 훨씬 더 청중의 반응을 이끌어 내기 쉬울까? 정답은 두 번째로 말한 사람이다. 두 번째 사람처럼 말 안에 따옴표를 넣어서 말하면 마치 연기하듯 그대로 상대방에게 보여주기 때문에 훨씬 더 전달력이 좋아진다.

예 나쁜 예

안녕하세요. 지금부터 스피치를 잘하는 방법에 대해 알아보겠습니다. 미국의 커뮤니케이션 학자 앨버트 메라비언은 스피치를 잘한다는 것은 논리, 보이스, 보디랭귀지, 이렇게 3가지를 잘하는 것이라고 했습니다. 여러분도 이 3가지를 열심히 해서 스피치의 달인이 되어봅시다.

예 좋은 예

안녕하세요. 여러분~! 스피치를 잘하는 것이 얼마나 중요한지 아세요? 면접, PT 등 이런 것 모두를 우리는 뭐로 하죠? 바로 '말'로 합니다. 그럼 여러분, 과연 스피치를 잘한다는 것은 어떤 것일까요? 앨버트 메라비언이라는 커뮤니케이션 학자가 있는데요. 이 사람이 '그래, 스피치를 잘한다는 것 진짜 중요하지···. 그럼 스피치를 잘한다는 것은 도대체 어떤 의미일까?'라고 생각했대요. 그랬더니 스피치를 잘한다는 것은 바로 첫째 논리적이어야 하고, 둘째 보이스가 좋아야 하며, 마지막으로 셋째 보디랭귀지가 다양해야 한다는 겁니다. 여러분 어떠세요? 여러분은 이 가운데 어떤 것에 가장 자신이 있으세요? 자, 이제 이 3가지를 공부해서 우리도 한번 스피치의 달인이 되어보자고요~!

■ ■ ■

스피치는 관심이다. 관심이 없으면 소재가 보이지 않고, 이야기도 쉽게 풀어갈 수 없다. 모든 것이 사람의 입에 있다고 생각하라. 그러니 사람 자체에 대한 관심이 중요하다. 만약 강의 주제가 어렵다 하더라도 생활밀착형 에피소드를 2~3가지 구상해서 집어넣어라. 그러면 대중의 큰 공감을 받을 수 있다.

난 뭐든지 디테일이 중요하다고 생각한다. 쪼개서 분석하면 못할 일이 없다. 강사는 경험이 많아야 하며, 그 경험의 프로세스를 쪼개 분석하고, 자기만의 시각으로 해석할 줄 알아야 한다. 또한 사람들과 공감할 수 있는 에피소드를 찾아내기 위해 생활 속의 대화와 경험, 떠오르는 발상을 놓치지 않도록 항상 깨어 있어야 한다. 자, 이제 에피소드를 모아보자.

💡 체크 포인트

- 강의를 할 때 중요한 것은 청중과 호흡할 수 있는 오프닝이다.
- 스피치를 할 때는 혼자 하는 것이 아니라 청중과 서로 주고받는 대화체의 스피치를 해야 한다.
- 스피치를 위한 에피소드를 모으려면 생활 속의 대화와 경험, 떠오르는 발상을 놓치지 말아야 한다.

CHAPTER 15

세련된
프레젠테이션을 위한
5가지 조건

· · ·

아리스토텔레스는 스피치의 가장 큰 매력이자 목적이 '자유로워지는 것'에 있다고 말했다.
여러분은 과연 PT라는 발표 현장에서 얼마나 자유로워질 수 있는가?

내일 당장 여러분이 사내 회의의 죽 늘어앉아 있는 임원들 앞에서 PT를 해야 한다면? 깐깐한 고객 앞에서 우리가 내놓은 신제품을 소개하는 PT를 하게 된다면? 회사의 운명이 걸린 중요한 입찰 PT를 맡게 된다면? 아마 잠도 잘 오지 않고, 밥도 잘 못 먹게 되고, 두려움과 불안 속에 시간을 보낼 것이다.

'무대 위에서 자유로워지는 것.' 아리스토텔레스는 스피치의 가장 큰 매력이자 목적이 '자유로워지는 것'에 있다고 말했다. 여러분은 과연 PT라는 발표 현장에서 얼마나 자유로워질 수 있는가? 이제 PT 스킬을 업그레이드해 무대 위에서 진정으로 놀 수 있는 자유로운 기분을 누려보자.

프레젠테이션(Presentation)은 'Present'와 'Action'의 합성어로 '발표하는 행위, 표현하는 행위'를 뜻한다. 프레젠테이션은 크게

2가지로 나뉜다. 첫 번째로 설득 프레젠테이션은 말 그대로 상대편이 내 이야기에 따르도록 여러 가지로 깨우쳐 말하는 프레젠테이션이다. 입찰에서 프레젠테이션을 하는 것, 회사 내에서 새로운 기획안에 대한 내용을 발표하는 것, 강의를 하는 것, 쇼핑호스트들이 상품을 소개하는 것, 자신이 팔고자 하는 내용을 세일즈하는 것이 바로 여기에 속한다.

두 번째로 설명 프레젠테이션은 어떤 일이나 대상의 내용을 상대편이 잘 알 수 있도록 밝혀 말하는 것이다. 교수들이 대학 강의에서 핵심 개념을 설명하는 것, 회사 내에서 정해진 규율이나 내부 프로세스들을 설명하는 PT가 설명 프레젠테이션이다.

그런데 이 2가지 프레젠테이션의 경계가 좀 모호한 면이 많다. 우리가 하는 대부분의 PT에는 이 설명과 설득이 모두 함께 들어가는 경우가 많기 때문이다. 예를 들어 사업 기획안 PT를 한다고 생각해보자. 새로운 아이디어에 대해 설명도 해야 하고, 이 아이디어가 우리 회사에 어떤 도움이 될지 설득도 같이 해야 할 것이다.

■ ■ ■　**자료 수집과 청중 분석이 먼저다**

청중을 설득할 수 있는 프레젠테이션을 하기 위해서는 어떻게 해야 할까? 일단 시나리오를 쓸 수 있는 자료 수집을 철저하게 해야 한다. 프레젠테이션은 크게 3가지로 구성되는데, 첫 번째는 시나리오(내용)이고, 그다음이 시나리오 내용을 바탕으로 만든 PPT, 마지막으로 그 PT를 실시하는 배우(프레젠터)가 있다.

시나리오를 만들기 위해서는 일단 자료 수집을 해야 한다. 자료 수집을 할 때 가장 중요한 것은 첫째, 내 정보를 모으는 것이다. 내가 알고 있는 사전 지식을 먼저 살펴봐야 어느 정도 자료 수집을 해야 하는지 가늠이 되기 때문이다. 만약 가진 정보가 많으면 스피치에 굉장히 유리하다. 왜냐하면 말의 뼈대인 본론의 내용을 구성할 때 내가 말하고자 하는 핵심 메시지를 머릿속으로 쉽고 빠르게 떠올릴 수 있기 때문이다.

만약 내가 알고 있는 사전정보가 별로 없을 때는 둘째, '타인의 정보'를 활용해야 한다. 다른 사람에게 정보를 구하거나, 논문을 보거나, 신문·인터넷 책을 통해 정보를 얻는 것이다. 타인의 정보 역시 많이 모으면 모을수록 핵심 메시지를 바로 머릿속으로 떠올릴 수 있어 좀 더 수월하게 시나리오를 작성할 수 있다. 자료 수집을 다했는가? 이렇게 자료 수집을 하고 나서 필요한 것이 바로 자료 분석이다.

자료 분석은 그렇게 어렵지 않다. 수집한 정보에서 내게 필요한 정보가 어떤 것인지 살펴본 다음, 내가 말하고자 하는 핵심 메시지로 만들어내면 된다. 그다음에 핵심 메시지를 바탕으로 PPT를 만들고, 시뮬레이션을 하고, 다시 한번 수정을 거친 다음 최종 리허설을 하면 된다.

청중을 설득할 수 있는 프레젠테이션을 하기 위해서는 청중 분석을 반드시 해야 한다. 그래서 청중들이 원하는 말을 해줘야 한다. 청중 분석을 할 때 1차 분석은 성별, 연령, 청중의 지식, 청중의 수준, 청중의 자세와 태도, 청중의 수, 핵심인물 등이다.

2차 분석은 청중의 언어로 말하는 것을 준비하는 단계다. 청중의 회사와 업무에 대해 분석해 그들의 고유 언어로 말을 하는 것이다. 2차 분석의 예를 들면 이런 것이다. 병원에서 환자들을 면담할 때 환자에 관한 데이터를 보는 것을 EMR이라고 한다. 병원에서 PT를 할 때 이런 전문용어를 활용해서 말하면 사람들은 익숙하면서도 '아니, 이 사람이 이런 용어도 알아? 준비 많이 했네?'라는 생각을 하게 된다.

3차 분석은 청중이 어떤 이야기를 듣고 싶어 하는지 분석해 교감할 수 있는 스토리를 준비하는 것이다. 예를 들어 40~50대의 CEO들이 모인 자리에서 PT를 한다면 가벼운 에피소드보다는 해당 기업에 관한 신문기사 및 사업 관련 스토리를 전달하는 것이 좋다. 사람들은 자신과 관련된 이야기를 좋아한다.

예 나쁜 예

안녕하십니까? 지금부터 우리 회사의 EMR 프로그램에 대해 발표를 시작하겠습니다. 먼저 목차부터 보시겠습니다. 우리 회사의

EMR 프로그램을 대략적으로 설명하고, 견적사항을 말씀드리겠습니다.

예 좋은 예

안녕하십니까? 오늘 이렇게 진료 시간 이후에 피곤하신데도 불구하고 귀한 시간 내주신 원장님, 진료과장님, 간호과장님, 원무부장님께 진심으로 감사드립니다. 모두 피곤하시죠? 빠르게 진행하도록 하겠습니다.

제가 이 자리에 서게 된 이유는 바로 우리 회사의 EMR을 제안하기 위해서입니다. 우선 PT를 시작하기 전에 제가 몸소 느낀 EMR의 중요성에 대해 간단히 말씀드리고 싶습니다. 한 달 전쯤에 저는 진료를 받으러 2곳의 병원을 방문했습니다. 두 병원 모두 1층 로비부터 환자들이 굉장히 많아서 '아, 두 병원이 각 지역에서 거점 병원으로 자리매김한 병원이구나.'라고 생각했습니다.

하지만 상황은 조금 달랐습니다. 한 병원은 OCS만 구축된 병원이었고, 다른 병원은 EMR까지 구축된 병원이었죠. OCS 병원에서는 차트가 운반되는 시간 때문에 대기 환자들이 조금은 지쳐 있었고 힘들어하는 모습의 환자들도 있었습니다. 저 역시 진료를 받기 위해 꽤 오랜 시간을 기다려야 했습니다. 반면에 EMR까지 구축된 병원에서는 굉장히 정리가 잘된 모습이었습니다. 저 역시 그동안 병원 영업을 하면서 EMR의 필요성을 알고 있었지만, 환자에게는

EMR이 얼마나 중요한 시스템인지 다시 한번 느낄 수 있었습니다. 네, 그렇다면 이제 우리 회사의 EMR 시스템을 왜 병원에 도입해야 하는지에 대해 발표를 하도록 하겠습니다.

PT의 입찰에 심사위원들이 자주 내게 하는 말이 있다. "입찰 PT를 보다 보면 정말 안타까울 때가 한두 번이 아니에요. 모두 새로운 내용의 PT를 준비했다고 하지만, 사실 이 업체나 저 업체나 내용은 비슷하죠. 관건은 '우리가 가장 신경 쓰는 부분이 뭔지 아느냐 그렇지 않느냐'예요."

만약 입찰을 맡기는 쪽에서 빠른 공사 기간을 신경 쓴다면, 그 점을 집중적으로 어필해 내용을 구성해야 한다. 하지만 PT에 이런 내용이 아예 없거나, 시간 배분을 짧게 해 그냥 넘어가거나, 또는 다른 회사와 차별화된 방법 없이 발표하는 곳이 많다는 것이다. 그래서 사전 정보가 중요하다.

'이번에 경기도 안성 부지에 큰 건물을 건축한다. 건축 기간이 촉박해 되도록 빠르게 인력을 투입해 빠른 시간 내에 공사할 수 있는 곳을 선정하려고 한다.'라는 청중의 요구가 있으면 우리 회사가 빠른 시간 내에 공사를 마무리할 수 있다는 것을 집중적으로 발표에서 풀어내야 한다. 여기에 빠른 시간 내에 공사를 해도 안정적이면서도 공사비가 올라가지 않도록 한다면 금상첨화일 것이다.

청중이 관심 있는 내용이 무엇이고, 청중에게 익숙한 키워드가 무엇인지 미리 분석해 상대방의 언어로 표현해주자. 그러면 상대방은 깊은 공감을 하면서도 '이 사람, 준비 많이 했구나.'라고 느낄 것이다. "스피치는 그들의 언어를 내 입으로 표현해주는 것"이라는 말이 있다. 이제 내 언어가 아닌 스피치를 듣는 상대방의 언어로 타인을 설득하는 것에 도전해보자.

■ ■ ■ O - B - C라는 논리적인 구조 틀을 마련하라

사람에게 각인될 수 있는 PT를 하려면 O - B - C라는 논리적인 구조 틀을 마련해야 한다. 이성을 만났을 때도 O - B - C가 필요하다.

오프닝 멘트를 반드시 준비하라

가장 먼저 살펴볼 O는 오프닝(Opening)이다. 처음 만났을 때 바로 본론으로 들어가면 너무 앞서가는 느낌이 들 수 있다. 더군다나 상대방도 당황할 것이다. 첫 만남에서는 날씨가 어떤지, 오는 길은 막히지 않았는지, 이곳 분위기는 어떤지 등의 질문을 통해 안면을 터야 한다.

사람들은 프레젠테이션을 하려고 앞에 나왔을 때 '서론 멘트를 해야 한다.'라는 것을 직감적으로 느끼지만 멘트를 준비하지 않아 그냥 본론으로 넘어가는 경우가 많다. 하지만 반드시 본론 전에 오프닝 멘트를 준비해 청중과 안면을 터야 한다. 대중 스피치를 하다 보면 철저하게 자신을 감추는 사람과 자신을 너무 많이 노출하는 사람으로 크게 나눌 수 있다. 이 2가지 유형 중 어느 쪽이 옳은 걸까? 정답은 그 무엇도 옳지 않다는 것이다. 대중들은 앞에 나와 말하는 사람이 어떤 생각과 경험을 갖고 있는지 에피소드를 통해 유추하기 때문이다.

> **예** 안녕하십니까. ○○○입니다. 시간은 직선이 아니라 곡선이라고 합니다. 절대적인 시간은 같지만 얼마나 효율적으로 밀도 있게 사용하는지에 따라 시간은 줄어들기도 하고, 또 한없이 늘어나기도 해서 그 가치는 완전히 달라집니다. 요즘은 새로운 기술과 시스템의 개발로 그 차이가 더욱 크게 느껴질 때가 많습니다. 이렇게 빠르게 변하는 세상에서 여러분은 아직도 아날로그 시스템을 사용하고 계시지 않나요? 저희 ○○기술이 여러분을 스마트한 세상으로 안내하겠습니다.

이렇게 오프닝 멘트를 하면 사람들은 마음속으로 '아, 이 사람은 이 말이 굉장히 마음에 와닿네. 이 사람은 시간을 긴 곡선처럼 활용할 줄 아는 사람이구나.' 또는 '아니, 이런 멘트를 준비하다니! 오늘 PT 준비 많이 했나 보네.' 같은 생각을 하게 된다. 오프닝 멘트를 통해 이 사람이 어떤 사람인지에 대해 힌트를 얻는다.

그런데 오프닝 에피소드를 말할 때 주의해야 할 점이 있다. 바로 뜬금없는 이야기를 해서는 안 된다는 것이다. 소개팅을 하는데 만나자마자 "한미 FTA에 대해 어떻게 생각하십니까?"라고 묻는다면 정말 뜬금없는 것이다. 이 사람이 지금 나랑 소개팅을 하자는 건지, 시사 토론을 하자는 건지 헷갈리고 당황할 수 있기 때문이다.

오프닝 에피소드는 반드시 본론으로 청중의 관심을 집중시킬 수 있는 내용이어야 한다. 그래서 오프닝의 역할은 '관심'이다. 본론에 펼쳐질 내용에 대한 관심을 불러일으킬 수 있는 미끼를 던지는 것이다.

예 안녕하십니까? 반갑습니다. 얼마 전 국민연금에 관한 뉴스 기사를 본 적이 있습니다. 이제 국민연금을 수급할 수 있는 나이가 65세로 늦춰졌다고 하죠. 직장에서 퇴직하는 나이가 평균 55세 정도 된다고 하니, 10년 동안은 수익 없이 그동안 벌어놓은 돈으로 생활을 해야 합니다. 100세까지 수명이 늘어난 지금, 노후 준비는 어쩌면 당연한 것 아닐까요? 그래서 제가 오늘 준비했습니다. 지금부터 연금보험 상품에 관한 프레젠테이션을 시작하도록 하겠습니다.

예 안녕하십니까? 이번에 발표를 맡게 된 1팀 ○○○입니다. 여러분, 오늘 날씨 어땠나요? 하루하루가 지날수록 코 시린 겨울임을 몸소 느끼지 않으셨나요? 저는 남쪽 거제도에서 서울로 올라온 지 1년도 채 되지 않았습니다. 하지만 지난달 맞은 독감주사 덕에 별다른 탈 없이 겨울을 나고 있습니다. 이렇게 계절이 바뀌면 가장 먼저 방문하게 되는 곳이 어디일까요? 바로 병원이 아닐까 싶습니다. 오늘 제가 발표할 내용은 이런 병원에 제공되는 솔루션에 관한 내용입니다.

예 항상 기가 막힌 서비스를 선사하는 괴짜기업! ○○기술이 추구하는 모습입니다. 오늘 말씀드린 5가지 핵심가치 중 마지막 항목은 'Do more with less.'입니다. 최소한의 투자로 최대의 결과를 얻는 효율성! 여러분의 가치창출을 위해 최고의 서비스를 제공하는 ○○기술이 함께하겠습니다. MIT에서 열린 HIT 심포지엄에서 하버드 경제학 교수인 데이비드 커틀러는 EMR은 끝이 아닌 시작이라는 말을 했습니다. ○○기술이 몸담고 있는 헬스케어를 제외한 모든 산업에서 IT를 이용해 효율성을 향상시키는 법을 반드시 알려드리겠습니다.

세계적인 컨설팅 회사 맥킨지는 오프닝에는 반드시 IPP가 들어가야 한다고 했다. I는 Importance로 필요성, 중요성을 말한다. 내가 만약 다이어트에 관한 PT를 할 거면 오프닝에 왜 다이어트가 이 시기에 필요한지에 대해 말해주는 것이다. 그래야 본론에 나올 '다이어트하는 방법'에 대해 사람들이 더 몰두해 들을 수 있기 때문이다. P는 Purpose(목적)를 말한다. "오늘 내가 이 문제에 대한 해답을 드리겠다."라고 목적을 말하는 것이다. 마지막 P는 Preview(예고)인데 "오늘 이런 순서로 말하겠다."라고 예고하는 것이다.

본론은 매직 3으로 나눠 말하라

다음의 B는 보디(Body), 즉 본론을 말한다. 본론은 크게 매직 3으로 나눠 말한다. 예전 ○○전자에서 했던 휴대전화 PT를 본 적이 있었다. 그 PT에서 새롭게 출시되는 휴대전화를 '그녀는 예쁘다. 그녀는 똑똑하다. 그녀는 누구에게나 사랑을 받는다'라는 핵심 메시지 3가지로 소개했던 것을 본 적이 있다. 이렇게 크게 3가지로 내가 말할 내용을 폴더화하면 훨씬 더 메시지가 강력하게 전달된다.

> **예** 다음은 목차입니다. 첫 번째로 사용자 로그인 방법, 두 번째로 저장과 사용자 변경, 마지막으로 제일 중요한 User Lock에 관한 부분에 대해 말씀드리겠습니다.

> **예** 오늘 소개해드릴 프로그램의 첫 번째 특징은 심플함입니다. 심플한 아이콘으로 선생님들이 원하는 곳을 로그인하고 열어볼 수 있습니다. 둘째는 흔적을 남기는 것입니다. 저장이라는 흔적을 남겨

놓지 않으면 기존의 자료는 지워집니다. 셋째는 보안성입니다. 사람들은 다른 사람이 엿보는 것을 싫어합니다. 이미 어떤 사람이 정보를 열어보고 있으면, 다른 사람은 보지 못하는 User Lock 기능을 갖추고 있습니다. 오늘 저는 이 프로그램의 3가지 특징에 대해 발표하도록 하겠습니다.

본론은 반드시 폴더화를 하는 것이 중요하다. 컴퓨터 바탕화면에 여러 개의 자료를 깔아놓으면 나중에 찾는 데 한참 시간이 걸린다. 하지만 폴더를 만들어 그룹핑을 해놓으면 자료가 섞이지 않아 바로 정보를 찾을 수 있다.

보디는 로그인 방법, 저장, User Lock, 이렇게 3가지 키워드로 폴더를 정하는 것보다는 하나의 문장 형태로 기억되는 것이 좋다. 왜냐하면 내가 이 PT를 통해 설득하고자 하는 중요한 내용이 보디가 되기 때문이다. 내가 오늘 발표할 핵심 메시지를 2~3가지로 요약해 말할 수 있어야 한다.

예 우리 회사는 훌륭한 의료정보기술 시스템을 갖고 있으며 미래의 유비쿼터스 제품군을 보유하고 개발하고 있습니다.

→ 우리 회사의 역동성, 참신성, 미래 지향성에 대해 말씀드리겠습니다.

→ 우리 회사의 가치를 사계절에 비유해보겠습니다.

결론의 역할은 감동이다

마지막 C는 클로징(Closing), 즉 결론이다. 결론의 역할은 감동이다. 머릿속에 본론의 내용을 이해했다면 이제 몸으로 실천하는 것을 유도해야 한다. 사람들은 머리로 이해한 내용을 마음으로도 받아들여야 행동으로 옮긴다. 다시 한번 감동적인 클로징을 통해 사람들에게 각인될 수 있는 PT로 마무리를 해보자.

심리학 용어 중에 '최근 효과(Recency Effect)'라는 것이 있다. 사람들은 본문에 포함된 정보보다는 발표자가 마지막으로 제시한 정보를 더 잘 기억한다는 것이다. 그래서 결론을 어떻게 마무리 짓느냐에 따라 정보가 각인되느냐 마느냐가 결정된다.

결론은 주요 요점을 다시 말하고 청중에게 스피치를 이제 마무리할 때가 되었다는 신호를 주는 역할을 한다. 결론에서 다시 한번 요약하는 방법은 다음과 같다.

> 예 여러분, 오늘 강연에서 스피치를 잘하는 방법 3가지에 대해 공부했습니다. 첫째는 보디랭귀지, 둘째는 보이스, 셋째는 논리입니다. 이 3가지를 꼭 기억하셔서 스피치의 달인이 되시길 바랍니다. 감사합니다.

> 예 여러분, 세상에는 3가지 기업이 있다고 합니다. 첫 번째는 일을 내는 기업, 두 번째는 일이 벌어지고 있는 것을 지켜보는 기업, 마지

막 세 번째는 '무슨 일이 있나?'라고 의아해하는 기업이라고 합니다. 우리의 기업은 유통업계에서 새로운 일을 내고 있는 혁신적인 기업입니다. 오늘 제가 발표한 기획안을 토대로 더욱 많은 영향력을 미칠 수 있는 기업이 되었으면 합니다. 감사합니다.

예 여러분, '명품' 하면 무슨 생각이 드시나요? 명품가방, 명품시계 등 유명 브랜드를 먼저 떠올리실 텐데요. 명품의 사전적 의미를 찾아보면 뛰어난 물건 혹은 그 가치가 인정된 물건입니다. 흔히 삶의 질이 높아지고 의료환자의 만족도가 높아지는 가운데, 많은 기업이나 병원은 그들 자신을 명가 혹은 명품병원이라 부르고 있습니다. 명품병원이 되기 위해선 당연히 명품의료 시스템 환경이 제공되어야 한다고 생각합니다. 명품진료 프로그램을 가진 저희를 선택해주십시오.

결론에서 명언을 인용해 마무리하는 것도 큰 감동을 줄 수 있다. 명언은 사리에 맞는 현명한 말로 많은 사람이 공감할 수 있는 교감 공통어이기 때문이다. 결론을 미리 정해두지 않아서 했던 말을 또다시 해 마무리를 깔끔하게 하지 못하는 사람들이 많다. 반드시 사람들의 마음을 얻을 수 있는 결론을 미리 준비해서 마지막 설득의 도장을 찍어야 한다.

■■■ 말 안에 반드시 '이득'을 넣어라

사람들을 설득할 수 있는 프레젠테이션을 하기 위해서는 말에 이득(Benefit)을 넣어야 한다. 사람을 잘 설득하는 쇼핑호스트들은 제품 정보 같은 사실보다는 그 사실이 나한테 어떤 도움을 주는지 이득을 넣어서 말한다. 예를 들어 "이 불고기는 100% 한우로 만듭니다."라고 말하기보다는 다음과 같이 말해야 한다.

> **예** 이 불고기는 100% 한우로 만들었는데요, 사실 한우가 아닌 불고기를 먹을 때 너무 질겨 무슨 고무줄 씹는 것 같은 느낌이 들 때 있잖아요. 더군다나 어디서 어떻게 고기가 만들어진 것인지 모르기 때문에 조금은 불안할 때가 있어요. 우리 아이들 이유식을 만들 때, 무슨 잔치가 있어서 사람들 초대했을 때, 우리 한우가 사실 최고잖아요. 우리 한우여서 부드럽고요, 믿고 드실 수 있어요.

이렇게 '한우'가 중요한 것이 아니라 '한우여서 뭐?'를 풀어줘야 사람들을 유혹할 수 있다. 그런데도 PT를 할 때 너무 단편적인 말만 내뱉는 경우를 많이 볼 수 있다. 예를 들어 "우리는 빠른 기간 내에 공사를 끝낼 수 있습니다."라는 말보다는 "우리는 빠른 기간 내에 공사를 끝낼 수 있습니다. 공사 기간을 단축하게 되면 다른 곳에 임대해 들어가는 비용을 줄일 수 있으며, 근무하는 환경이 더욱 쾌적해져 업무 효율이 올라갈 수 있습니다."라고 말하는 것이 좋다. 이렇게 이득을 넣어서 말해야 한다.

> **예** 1) 우리는 좋은 질의 석유를 제공할 수 있다.
>
> 2) 우리는 안정적으로 석유를 공급할 수 있다.
>
> 3) 우리는 농협카드로 결제할 수 있는 시스템을 갖고 있다.

> **예** 1) 우리는 좋은 질의 석유를 제공할 수 있다.
>
> → 석유의 질이 좋으면 연비의 효율이 좋아져 더욱 경제적으로 운전할 수 있다.
>
> 2) 우리는 안정적으로 석유를 공급할 수 있다.
>
> → 석유의 공급이 유동적이면 석유 가격 조정능력이 떨어지게 된다. 안정적인 석유 공급으로 항상 저렴하게 석유를 공급할 수 있다.
>
> 3) 우리는 농협카드로 결제할 수 있는 시스템을 갖고 있다.
>
> → 공무원들이 가장 많이 사용하는 카드가 바로 농협카드다. 소지하고 있는 카드로 바로 결제할 수 있어 다른 카드를 휴대해야 하는 번거로움이 없다.

프레젠테이션에서 이득을 말해주지 않아 PT가 건조해지는 경우를 많이 볼 수 있다. 설명만으로는 사람을 설득할 수 없다. 구체적 편익을 말해줌으로써 내 말을 선택하게 하는 것이 중요하다.

친절한 리드멘트가 설득력을 높인다

친절한 리드멘트를 넣어주면 프레젠테이션에 설득력이 올라간다. 여자들은 참 사소한 것에 감동한다. 연애 시절 차를 탈 때 차 문을 열어주는 것, 걸어갈 때 살며시 가방을 들어주는 것, 얼굴에 뭐가 묻은 것 같다며 부드럽게 떼어줄 때 등 사소하지만 강력한 친절에 여자들은 남성에게 호감을 느낀다. PT도 마찬가지다. 사소하지만 리드멘트를 해줬을 경우 굉장히 친절한 PT가 된다. 리드멘트는 말 그대로 이끌어주는 멘트를 말한다.

예 맨 아래 오른쪽의 도표를 봐주시길 바랍니다. 우리 회사의 지난해 3분기 매출 실적표입니다. 파란색 선이 우리 회사이며, 녹색 선이 경쟁사의 매출 실적을 나타내고 있습니다.

예 자, 이제 그럼 6시그마의 본질에 대해 말씀드리겠습니다.

예 **리드멘트가 없는 경우**

우리 회사는 얼마 전 창립 11주년을 맞이했습니다. ○○○대표님 아래 100여 명이 넘는 직원들이 함께 일하고 있습니다. 오른쪽 그래프와 같이 반 이상의 인력을 신기술, 제품 연구개발을 위해 투입할 정도로 혁신을 추구하고 있는 기업입니다.

예 리드멘트가 있는 경우

우리 회사를 먼저 소개해드리겠습니다. 우리 회사는 올해로 창립 11주년을 맞이했습니다. 직원표를 보시면 현재 ○○○대표님과 함께 총 100여 명의 직원들이 일하고 있습니다. 오른쪽 그래프를 보시면 현재 저희 인력이 어느 곳에 집중 투입되어 있는지 보실 수 있습니다. 대부분 신기술과 제품 연구개발에 인력이 집중되어 있는 것을 보실 수 있는데요. 이것은 저희가 혁신을 추구하는 기업이라는 것을 보여주는 증거일 겁니다.

이렇게 내가 지금부터 할 내용에 대해 미리미리 말해주면 사람들은 헤매지 않고 쉽게 내용을 파악할 수 있다. 차에 탈 때만 에스코트가 필요한 것이 아니다. PT도 리드멘트를 통해 친절하게 내가 할 내용을 청중들에게 에스코트해보자.

■■■ 쉽게 말하는 것이 중요하다

사람을 설득할 수 있는 PT를 하려면 '쉽게 말하는 것'이 중요하다. 요점을 알고 보면 아주 쉬운 내용인데 PT를 들어보면 너무 어렵게 말하거나 장황하게 말해 더욱 정신이 혼미해지는 경우가 있다. 한 문장을 길게 끌고 가면 너무 어렵다. 일단 문장을 짧게 끊어 말하고, 함축적인 한자어를 많이 사용하는 것보다는 쉬운 단어로 풀어주는 것이 중요하다.

예 **나쁜 예**

> 50년간 안정적인 사업을 영위해온 우리 ○○○기업은 독점적 지위를 누렸던 병뚜껑 시장의 완전 개방과 웰빙 트렌드에 따른 식품 이물질 관련 법규 강화, 경쟁기업의 적극적인 시장 대응으로 인해 경영 전반에 지대한 영향을 끼치고 있어 혁신이 필요한 상황입니다.

예 **좋은 예**

> 우리 ○○기업은 현재 강한 경영혁신이 필요합니다. 우리 ○○기업은 지난 50년간 안정적인 사업을 유지하며 병뚜껑 시장에서 독점적 지위를 누려왔습니다. 하지만 이미 병뚜껑 시장이 완전 개방이 됐고 정부에서 식품 이물질 관련 법규를 강화하고 있어 경영이 아주 어려운 상황입니다. 또한 경쟁사 △△기업이 신상품을 출시해 더욱 경영혁신이 필요합니다.

왜 기계적으로 글을 외워 발표하는 것일까? 사실 글을 외우는 것만큼 위험한 것이 없다. PT를 끝낸 연사들에게 "도대체 무슨 말씀이 하고 싶은 거예요?"라고 물어보면 일목요연하게 잘 설명하는 분들이 많다. 그렇게 말하면 되는데 왜 PT를 한다고만 하면 기계적으로 딱딱하게 말을 하는지 모르겠다. '내가 지금 하고 있는 말이 쉽게 전달이 될까?'라는 의심이 든다면 자신이 말하는 것을 녹음해 들어보자. 그럼 청중의 입장에서 내 PT를 들을 수 있을 것이다.

쉽게 말하는 또 다른 방법이 있다. 결론을 먼저 던지면 된다. 보통 PT가 어렵게 느껴지는 것은 결론이 뒤에 있어 한참을 들어본 뒤에야 '아, 이 말을 하고 싶었던 거구나.'라고 느끼기 때문이다. 그래서 "한국 사람 말은 끝까지 들어봐야 안다."라는 말도 있지 않은가? "~해서 ~했지만 ~했습니다."가 아니다. "~했습니다. ~했지만 ~해서."라고 거꾸로 푸는 것이 훨씬 더 쉽다.

예 나쁜 예

이번에 저희 향수를 구입한 사람들은 서울에 사는 고객 응대가 많은 세일즈 업무를 하는 여성들이었고, 그 여성들의 대부분은 20대인 것으로 분석되었습니다.

예 좋은 예

이번에 출시되는 향수 제품의 소비를 분석했습니다. 그 결과 서울에 살고 있는 20대였으며, 고객 응대가 많은 세일즈 업무를 하는 여성들이었습니다.

같은 말이지만 어떤가? 후자의 사례처럼 소비자를 분석해봤다는 결론을 먼저 말하고, 그 결론이 어떻게 나왔는지 푸는 것이 훨씬 더 머릿속에 잘 들어오지 않는가? 무조건 서술 문장, 내가 말하고자 하는 내용을 먼저 던지고 풀자. 주장을 먼저 던진 다음 근거를 푸는 것이 훨씬 더 설득력 있다.

■ ■ ■

앞에서 제시한 5가지 기술들만 훈련해도 훨씬 더 매끄럽고 설득력 있는 발표를 할 수 있다. 그런데 이 5가지 기술이 딱 맞아떨어져 설득력 있는 PT를 하기 위해서는 반드시 리허설과 시뮬레이션이 필요하다. 반복훈련을 해서 5가지 기술에 맞춘 PT를 하고 있는지 꼼꼼히 살펴보는 것이다.

예전에 한 컨설팅 회사의 PT발표 트레이닝 훈련에서 발표를 하는 내내 정말 깜짝 놀랐다. 너무 불편하고 불친절한 PT를 하는 것이 아닌가? 경제학을 전공한 나조차 이해하지 못할 경제 전문용어를 반복해서 사용하는 것이었다. 일부러 어려운 말을 사용해 알아듣지 못하게 하는 것이 전략인 것 같다는 생각도 들었다.

또한 자신이 말하고자 하는 바를 두괄식으로 명확히 하고 난 다음에 근거를 풀어야 하는데, 오히려 미괄식으로 핵심 메시지를 뒤에 배치하니 도대체 무슨 말을 하는 건지 이해할 수가 없었다. 또한 리드멘트를 사용하지 않아 지금 도대체 어느 표를 설명하고 있는지 너무 헷갈렸다.

더욱 심각했던 것은 이 회사 대표님의 말씀이었다. 너무 막막했던 나는 어디서부터 고쳐야 할지 감을 잡기 위해 질문을 했다. "대표님… 대표님이 보시기에는 어떠셨나요?" 그러자 내게 이렇게 대답했다. "전반적으로 PT는 훌륭했으나 음성이 떨렸고 포인터를 잡은 손이 불안해 보였다." 정말 "헉!" 소리가 나올 지경이었다.

물론 보이스와 보디랭귀지도 중요하다. 하지만 그 회사 PT의 가장 큰 문제점은 바로 논리였다. 무엇이든 바꾸려면 '기준'이 있어야 하는데, 그 회사는 그런 기준이 없었다. 누구나 마찬가지다. 스스로가 머릿속에 기준을 정립해두지 않으면 눈에 보이지 않는다. 여러분도 PT를 잘하기 위한 이 5가지 기술을 기준으로 삼아, 내가 지금 친절한 PT를 하고 있는지 불친절한 PT를 하고 있는지 꼭 살펴보기를 바란다.

💡 **체크 포인트**

■ PT를 할 때 설명만으로는 사람을 설득할 수 없다. 얻을 수 있는
이득을 말해줌으로써 내 말을 선택하게 하는 것이 중요하다.

■ 사소하지만 친절한 멘트, 그것이 바로 리드멘트다. 말을 이끌어
주는 멘트를 해서 친절한 PT를 하자.

■ PT에서 가장 중요한 것은 사람을 설득할 수 있도록 쉽게 말하는
것이다.

CHAPTER 16

행사 사회 진행 시
기억해야 할
4가지

• • •

행사 사회를 진행할 때 돌발 상황을 예측하려면 반드시 리허설을 해봐야 한다.
리허설이 중요하다. 매번 하는 행사라고 방심하는 순간 큰 실수를 하게 된다.

GS홈쇼핑 쇼핑호스트에 근무하던 때였다. 한 총무부 직원이 시무식 행사를 진행했던 것이 기억에 남는다. 그 직원이 시무식 행사에 맞춰 활기차고 박진감 넘치게 행사를 진행해 새롭게 시작되는 한 해가 더욱 반갑게 느껴졌었다. 직장에서 소위 '말 좀 한다.' 하는 사람들이 맡게 되는 행사 진행, 또한 로터리와 라이온스 등 사교 모임에서 총무들이 주로 맡게 되는 것이 바로 이 행사 사회다.

"사회자는 행사의 품격이다."라는 말을 자주 한다. 사회자가 어떻게 행사를 진행하는지에 따라 행사가 재미있을 수도 있고 의미가 있을 수도 있으며, 반대로 따분하거나 지루할 수도 있기 때문이다. 자, 그럼 우리가 일상적으로 하게 되는 시무식이나 행사 포럼, 심포지엄, 회의 진행 등의 사회는 어떻게 보면 좋을까? "생각보다 어렵지 않습니다."라는 말이 있다. 멋진 방송인들처럼 사회를 보려고 너무 눈높이를 올리는 것보다는 하나하나 경험을 통해 배운다는 생각으로 행사 진행에 도전해보자.

■■■   행사 성격에 맞는 오프닝을 해야 한다

먼저 행사를 진행하는 사회자는 행사의 성격을 파악하는 것이 중요하다. 사회자가 행사의 성격을 잘 파악해야 행사의 분위기를 망치지 않을 수 있다.

행사는 크게 하드(Hard)한 행사와 소프트(Soft)한 행사로 구별된다. 우선 회사의 창립기념식 행사나 대기업의 시무식과 종무식의 행사는 격식이 필요한 행사이므로, 하드한 느낌으로 진행을 해야 한다. 반대로 사조직 모임의 행사나 소규모로 진행되는 행사는 대부분 격식을 차리기보다는 소프트하게 진행되는 경우가 많다. 행사가 소프트하냐 하드하냐에 따라 진행 방식이 달라진다.

행사는 행사를 진행하는 사람에 따라 분위기가 좌우된다. 가벼운 느낌의 소규모 모임에서 행사를 진행하는 사람이 너무 무겁게 이야기를 하면, 전체적으로 행사의 분위기도 가라앉는다. 반대로 격식을 갖춰야 하는 행사에서 진행자가 어색한 유머를 던지거나 말을 가볍게 하면 격식이 떨어져 전체적인 분위기를 망칠 수 있다.

여기서 중요한 것이 바로 '적절한 자기 노출'이다. 하드한 행사라고 해서 너무 딱딱하게만 오프닝을 하는 것도 좋지 않다. 또한 소프트한 행사라고 해서 너무 자신을 많이 노출하는 것도 적절치 않다.

예 나쁜 예

여러분, 안녕하십니까? 이 자리에 참석해주신 여러분을 진심으로 환영합니다. 오늘 ○○협회 2022년도 정기 심포지엄 개회식 사회를 맡은 ○○○입니다. 먼저 바쁘신데도 불구하고 이 자리에 참석해 자리를 빛내주신 내외귀빈과 성황을 이루어주신 회원 및 참가자 여러분께 감사드립니다. 본 심포지엄을 통해 유익한 지식을 나누고 정보를 교류해 우리 모두가 한 단계 도약하는 토대가 되기를 바랍니다.

물론 하드한 행사이기 때문에 앞의 예처럼 조금은 무거우면서도 카리스마 있게 오프닝을 시작해도 좋다. 하지만 이렇게 되면 사회자의 개인 매력이 드러날 수 없어 사회자와 청중의 거리가 멀어지게 되고, 전체적으로 일방적인 행사로 느껴질 수 있다. 격식을 차리되 청중들의 마음도 끌 수 있어야 한다.

예 좋은 예

여러분, 안녕하십니까? 이 자리에 참석해주신 여러분을 진심으로 환영합니다. 오늘 ○○협회 2022년도 정기 심포지엄 개회식 사회를 맡은 ○○○입니다. 먼저 바쁘신데도 불구하고 이 자리에 참석해 자리를 빛내주신 내외귀빈과 성황을 이루어주신 회원 및 참가자 여러분께 감사드립니다.

자신의 분야에서 성공한 사람들에게는 '이것'이 있었다고 합니다. 바로 '성의'입니다. 성의는 정성스러운 마음을 말합니다. 여러분은 성의를 갖고 경영에 임하셨기에 이 자리에 참석하실 수 있었을 것입니다. 오늘 이 심포지엄도 역시 ○○협회에서 성의를 갖고 만들었습니다. 본 심포지엄을 통해 유익한 지식을 나누고 정보를 교류해 우리 모두가 한 단계 도약하는 토대가 되기를 바랍니다.

이렇게 '성의'라는 말을 넣어서 원고를 부드럽게 해주면 사람들은 '오늘 사회 보는 사람, 그냥 원고만 읽는 게 아니라 준비 많이 했네?'라는 생각을 하며 나의 말에 집중해줄 것이다. 그런데 중요한 것이 하나 더 있다. 사회자가 오프닝에 이런 말을 넣으면 청중들은 처음에는 어색해 내 말을 경청하지 않는 것처럼 보일 수 있다는 것이다. 하지만 모두 다 듣고 있기 때문에 계속해서 '말 첨가하기'를 시도해야 한다.

오프닝에 말 첨가하기를 할 때 주의해야 할 점이 있다. 첫째는 너무 어려운 에피소드는 넣지 말라는 것이다. 처음부터 내 입에 맞지 않는 고사성어나 명언을 넣으면 틀리게 되는 경우가 있다. 말 첨가

하기를 처음 시도한다면 반드시 내가 말하기 편한 에피소드를 넣는 것이 중요하다.

앞의 예시 문장에서 나온 '성의'라는 말은 내가 요즘 한창 심취해 있는 말이다. 무슨 일이든 제대로 성의를 다하는 것의 중요성을 느끼고 있기 때문이다. 그래서 이 '성의'라는 키워드를 선택해 행사 진행의 오프닝에서 스토리텔링을 한 것이다. 이렇게 행사를 진행할 때 특정 에피소드로 스토리텔링을 하고 싶다면 말하려는 에피소드의 키워드나 하나의 문장을 떠올려 모임에 온 청중과 이 모임의 성격을 연결해 말하면 자연스럽게 말이 만들어진다.

이렇게 말 첨가하기를 하며 행사를 진행하면 행사에 사회자를 조금씩 노출할 수 있어, 행사가 끝나고 나서 "이 사회자, 정말 행사 잘 보네."라는 말을 들을 수 있다. 그런데 이런 말 첨가하기의 에피소드는 본인이 직접 작성하는 것이 좋다. 행사를 진행하는 전문 단체에서 대본을 주더라도, 실제로 읽으면 내 입에 맞지 않아 틀리게 말하는 경우가 많다. 기본 틀에 내가 하고 싶은 에피소드를 넣어 자연스럽게 원고를 완성해야 한다.

예 기본 틀의 오프닝 멘트

안녕하십니까? 지금부터 ○○건설의 사업설명회를 시작하도록 하겠습니다. 바쁘신데도 불구하고 이렇게 참석해주신 여러분께 진심으로 감사드립니다. 먼저 ○○건설 대표님의 말씀이 있겠습니다.

예 에피소드를 첨가한 오프닝 멘트

잠시 후 ○○건설 사업설명회를 시작하도록 하겠습니다. 장내에 계신 여러분께서는 착석해주시길 바랍니다.

따뜻한 봄 5월에 인사드립니다. 아나운서 임유정입니다. 이렇게 바쁘신데도 불구하고 ○○건설 사업설명회를 함께해주신 여러분께 진심으로 감사의 말씀을 전합니다. 저는 ○○건설과 굉장히 인연이 깊은 것 같습니다. ○○홈쇼핑 쇼핑호스트로 생활을 하며 ○○건설과 인연을 맺게 되었고, 저의 첫 집도 ○○건설 브랜드로 시작했으니 말입니다. 또한 ○○건설 사업설명회에서 또 다른 인연을 맺게 되어 정말 영광입니다.

이렇게 행사의 멘트를 직접 써서 자연스럽게 대화하면서 행사 진행을 할 수 있도록 독려해야 한다. 청중에게 가장 어필할 수 있는 좋은 에피소드는 자신의 체험담이다. 평소 자신이 체험하거나 생각했던 내용들을 넣어 말하면 훨씬 더 자연스럽게 말할 수 있다.

'괜히 이런 멘트를 해서 실수하는 것보다는 그냥 정석대로 하는 것이 좋지 않을까?'라고 생각하는 분들이 있다. 하지만 정석대로만 하면 청중에게 사회자인 나를 각인시킬 수 없고, 행사가 너무 딱딱해질 수 있다. 스피치 실력을 쌓을 수 있는 좋은 기회도 놓치는 것이다. 자신감을 갖고 내 생각을 행사 멘트에 녹여보자.

■ ■ ■ 내빈 소개가 중요하다

행사에 참여해준 내빈을 소개할 때는 정말 신중하게 말을 해야 한다. 내빈 소개를 할 때 직함과 성함을 틀리게 말하면 상대방의 기분을 언짢게 할 수도 있기 때문이다. 거기다가 전반적인 행사의 공신력이 떨어져 보인다. 절대 성함과 직함을 틀려서는 안 된다.

예전 행사 진행을 할 때 ○○○사장님을 ○○○상무님이라고 낮춰 호칭한 적이 있었다. 해당 행사가 끝난 후 그 사장님이 "상당히 기분이 나쁘셨다."라고 하셨다고 한다. 정말 죄송했다. 그 이후로는 행사를 시작하기 전에 성함과 직함을 다시 확인하고 또 확인하는 버릇이 생겼다. 그러므로 반드시 내빈 소개를 할 때는 몇 번이고 직함과 성함을 확인해야 한다. 특히 만약 소개할 내빈이 ○○관리공단 이사장인데 현재는 퇴직을 하셨다면, '전(前)'이라는 말을 꼭 추가해 넣어줘야 한다. 내빈 소개를 할 때는 '단체+성함+직함' 순서로 말하는 것이 좋다.

> **예** 국방○○○ 최○○ 원장입니다.
>
> 한국○○○협회 강○○ 회장입니다.

만약 이렇게 말하는 것이 헷갈리면 '성함+단체+직함' 순으로 말해도 무방하다. 어느 쪽을 하든 여러분의 입에 맞춰 편한 쪽으로 멘트를 하도록 하자.

> **예** 최○○ 국방○○○ 원장입니다.
> 강○○ 한국○○○ 협회 회장입니다.

또 내빈 소개를 할 때 어느 분을 먼저 소개할지의 순서는 아주 중요하다. 순서가 바뀌어 앞에서 말해야 하는 분을 뒤로 순서를 미루게 되면 상당히 기분 나빠하는 경우가 있기 때문이다. 사실 개인적으로는 꼭 행사에서 내빈 소개를 해야 하는지 의아하기는 하다. 그래도 소중한 시간을 내서 행사에 오신 분들이기 때문에 소개를 하는 것이 도리가 아닐까 생각한다. 그러므로 내빈 소개를 할 때 어떤 분을 먼저 할지, 어느 분까지 해야 하는지는 행사를 진행하는 주 책임자에게 정해달라고 요청하면 된다.

내빈 소개를 할 때 '청중이 너무 지루하게 생각하면 어떻게 하지?'라며 걱정하는 분들이 많다. 그런데 오히려 이런 마음을 갖고 소개를 하면 더욱 지루하게 들린다. 그러니 한 분 한 분 소중한 의미를 담아 소개를 하자. 내빈 소개를 할 때의 목소리는 아주 힘차고 또렷하게 하는 것이 중요하다. 마치 TV에서 스팟 광고멘트를 하는 것처럼 박진감 넘치게 말이다. 그래야 행사에 약간의 기분 좋은 긴장감을 불어넣을 수 있다. 대부분의 행사는 연사들이 나와 말을 많이 하기 때문에 조금 지루한 느낌이 들 수 있다. 이때 사회자라도 중간중간에 박진감 넘치면서도 절도 있는 톤으로 말을 해줘야 다시 사람들이 행사에 집중하게 된다. 힘차고 또렷한 목소리로 카리스마를 넣어 강하게 말하자.

■ ■ ■ 반드시 추임새 멘트를 해야 한다

연사의 말이 끝나자마자 바로 "네, 말씀 감사합니다. 다음은 ○○○님의 말씀이 있겠습니다."라고 말하면 안 된다. 사회자의 역할은 어디까지나 행사 중간중간을 부드럽게 연결해주는 것임을 잊지 말자. 연사의 말이 끝나자마자 멘트를 해 툭툭 흐름을 끊어서는 안 된다. 마치 서로가 공을 주고받을 때 내가 공을 받고 나서 다시 던지는 것처럼, 그냥 공만 던져서는 안 되고 반드시 받고 던져야 한다.

예를 들어 만약 연사가 '진심'에 대해서 말을 했으면, 그 진심이라는 말을 덧붙일 수 있는 멘트를 꼭 해야 한다. "○○○대표님께서 진심에 대해 말씀하셨는데요, '진심은 통한다.'라는 말이 있죠. ○○○대표님의 진심이 여러분에게 통했을 거라는 생각이 듭니다." 이런 식으로 추임새 멘트를 덧붙여줘야 한다.

예 연사의 발표

시간 경영이 아주 중요합니다. 미리 철저하게 준비하고 계획하면 시간도 단축할 수 있고 전체적인 비용도 줄일 수 있습니다. 여러분, 철저하게 준비해 우리도 시간 경영을 합시다.

연사가 앞의 예처럼 말을 했다면 사회자는 반드시 이 말에 추임새 멘트를 달아줘야 한다. 그냥 "네, 좋은 말씀 감사합니다." 이렇게 끝내서는 안 된다.

예 사회자의 추임새 멘트

네, ○○○회장님께서 시간 경영의 중요성에 대해 말씀해주셨는데요, 정말 많은 공감이 됩니다. "시간은 직선이 아니라 곡선이다." 라는 말이 있죠. 경영 관리자들이 사전에 준비를 철저하게 해서 시간을 곡선처럼 활용하려고 노력해야 하지 않을까 싶습니다. 여러분, 오늘 좋은 강연해주신 ○○○회장님께 다시 한번 큰 박수 부탁드립니다.

이렇게 연사가 중요하다고 생각한 '시간'에 대해 내가 알고 있는 정보를 이용해 추임새 멘트를 넣는 것이다. 추임새 멘트를 할 때는 길게 할 수도 있지만, 짧게 그 분위기만 말하고 다음으로 연결하는 것도 좋다. 만약 연사가 자신이 지금까지 이 협회를 위해 얼마나 노력해왔는지에 대해 말한다면, 짧게 "네, ○○○회장님의 ○○협회에 대해 열정이 느껴집니다."라고 간단히 말하고 다음 멘트로 넘어가도 된다. 다시 말하지만 인풋이 없으면 절대 아웃풋도 없다. 사회자는 연사가 말한 내용을 받는 인풋을 했다면, 추임새 멘트로 아웃풋을 해줘야 한다.

스피치는 아는 것이 많아야 말도 잘한다. 평소에 좋은 말을 들었다면 충분히 공감하며 기억하려는 노력이 필요하다. 그런데 많은 사람이 자신이 실제로 많이 알고 있는데도 불구하고 모른다고, 기억이 나질 않는다고 생각하고 아예 새로운 것만 충전하려는 경향이 많다. 에피소드를 떠올릴 때는 너무 남의 에피소드를 찾으려 하지 말고, 내 안에서 먼저 찾으려고 노력해보자. 내 안에 있는 것을 찾아낸다면 '내가 생각한 것보다 훨씬 더 많은 정보를 알고 있구나.'라는 생각이 들 것이다.

■■■ 행사 중의 돌발 상황을 예측하라

행사를 진행하다 보면 돌발 변수가 참 많다. 사실 돌발 변수가 많을 것 같다는 생각에 미리 집중하고 있으면 실수가 그리 많지 않다. 그런데 꼭 이 부분에 서는 실수가 나올 수 없다고 생각한 부분에 큰 실수가 나올 때가 있다. 한마디로 방심하다가 실수하는 것이다.

한 기업의 창립총회의 행사를 진행한 적이 있었다. 이 기업이 국기에 대한 경례를 행사 절차에 넣었는데, 나도 덩달아 별생각 없이 "국기에 대한 경례!"라고 크게 외쳐버렸다. 그런데 사람들이 어리둥절해하며 수근대는 것이 아닌가? 왜 그런가 생각하며 주위를 둘러봤는데, 이게 웬일인가? 국기에 대한 경례를 하는데 무대에 국기가 없는 것이었다. 국기에 대한 경례가 끝난 뒤 "국기에 대한 경례를 하는데 국기가 보이지 않았는데… 그런데 사실 진짜 국기는 우리 마음속에 있지 않습니까?"라는 말로 서둘러 마무리를 했다. 그때 그냥 자연스럽게 넘어가기는 했지만, 등 뒤에서 식은땀이 날 정도로 당황했던 기억이 난다.

돌발 상황을 예측하려면 리허설이 중요하다. 가수가 콘서트에 앞서 리허설을 하는 것처럼 행사 진행도 마찬가지다. 특히 '매번 하는 행사인데 그냥 하지 뭐.'라고 생각한 행사에서 더욱 크게 실수할 가능성이 크다. 매번 하는 행사도 반드시 리허설을 거쳐 돌발 변수가 있는지 없는지를 체크해야 한다.

행사를 진행할 때 돌발 변수가 많이 생기는 것은 다음의 5가지 경우가 대부분이다. 첫째는 내빈 소개를 할 때다. 사회자의 원고에는 명단이 있지만 아예 행사에 안 오거나 늦게 오는 분들이 간혹 있기 때문에 호명을 할지 안 할지는 행사 시작 전에 반드시 확인해봐야 한다.

둘째는 애국가와 국기에 대한 경례다. 요즘에는 애국가와 국기에 대한 경례를 많이 하지 않는 추세지만, 만약 행사에서 이 2가지를 하게 된다면 사회자가 육성으로 해야 하는 건지 아니면 음향 시설이 되어 있어 나오는지 확인해봐야 한다.

셋째는 시간이 너무 지체되는 경우다. 어떤 연사의 말이 너무 길어져 행사가 길어질 경우, 반드시 다음 순서의 연사에게 시간이 많지 않다는 것을 공지해줘야 한다.

넷째는 수상을 진행하는 경우다. 행사에서 수상을 하는 게 있다면 상을 주는 사람과 받는 사람의 동선을 반드시 리허설을 통해 진행해봐야 한다. 그래야 무대 위에서 산만하거나 분주하지 않고 정갈하게 행사를 진행할 수 있다.

마지막으로 다섯째는 동영상을 함께 볼 때는 음성과 화면이 잘 나오는지 최종적으로 확인하는 것이다. 이런 돌발 변수들을 사전에 확인한다면 훨씬 더 매끄럽게 사회를 볼 수 있다.

■ ■ ■

예전 아나운서 후배의 결혼식에 여자 아나운서가 나와 사회를 보는 것을 본 적이 있었다. '여자가 결혼식 사회를 보네? 좀 특이하다.'라고 생각을 했는데, 어찌나 카리스마 있는 음성으로 똑 부러지게 사회를 보는지 그 결혼식의 품격이 한층 올라가는 느낌이었다. 이렇듯 사회자의 성격에 따라 행사가 품위가 있을 수도 있고 없을 수도 있다. 좀 더 체계적인 준비를 통해 프로페셔널한 사회 진행에 도전해보자.

여기서 꼭 잊지 말아야 할 것이 있다. 행사를 진행하다 보면 사회자가 지나치게 긴장해 역할을 다하지 못하는 경우도 있지만, 반대로 사회자의 말이 너무 길고 많아 오히려 행사의 흐름을 방해하는 경우도 많다. 또 말하는 연사와 청중을 잘 안다고 생각해 무례하게 말을 뱉는 사람들도 종종 볼 수 있다. 하지만 잊지 마라. 사회자는 주연이 아니라 조연일 뿐이다. 주연은 행사를 전체적으로 기획한 단체와 청중이라는 것을 절대 잊지 말자.

 체크 포인트

- 행사는 무엇보다 시작이 중요하다. 행사 성격에 맞는 오프닝 멘트를 준비하라.
- 내빈을 소개할 때는 직함과 성함을 주의해서 소개해야 한다.
- 행사를 진행할 때 돌발 상황은 발생할 수밖에 없다. 어떤 상황이든 대처할 수 있도록 미리 대비하라.

CHAPTER 17

미디어 트레이닝,
인터뷰 스피치
사용설명서

· · ·

방송에서 카메라가 나를 비추지 않는다고 해서 방심해서는 안 된다.
방송 중에는 처음부터 끝까지 긴장을 유지하며 표정 관리를 해야 한다.

커뮤니케이션 이론 중에 '배양 이론'이라는 것이 있
다. 하루에 4시간 이상 텔레비전을 시청하는 시청자에게 텔레비전
이 그들의 정보원, 사상, 의식 등을 독점하는 현상을 설명하는 이론
이다. 이것은 매스미디어가 갖는 영향력이 사람들이 생각하는 것
보다 훨씬 더 강력하다는 것을 말한다. 과연 TV나 라디오, 신문, 잡
지 등의 매스미디어가 그만큼 사람들에게 강력한 영향을 끼치는지
는 의문이다. 하지만 뉴 미디어(소셜 네트워크)의 등장으로 인해 더
많은 사람이 유튜브나 인스타그램, 트위터, 페이스북 등을 통해 자
신의 의견을 피력하는 것은 틀림없는 사실인 것 같다.

얼마 전 어느 대기업의 부회장과 자수성가한 중소기업의 대표가
대형마트의 피자 판매와 기업형 슈퍼마켓 관련으로 트위터에서 설
전을 벌였다. 또 팟캐스트의 한 시사 프로그램에 출연한 정당의 대

표가 반대 성향의 사회자 3명의 곤란한 질문에 대해 특유의 재미있는 화법으로 위기를 모면하는 모습을 보여주기도 했다. 지금은 대기업의 대표와 임직원, 정당의 대표, 시민단체의 리더들이 어떤 생각을 가졌는지 그대로 노출될 수 있는 시대에 살고 있다. 그렇기 때문에 해당 단체의 이미지를 위해서라도 미디어와 접촉할 때는 트레이닝이 필요하다.

강남에서 유명한 정신과를 운영하는 의사 선생님이 라온제나를 찾아왔다. 방송에서 인터뷰를 많이 하는데 자신이 어떻게 말을 해야 할지 모르겠다는 것이다. 요즘 들어 의사 선생님들의 스피치 아카데미 출입이 잦다. 특히 성형외과, 피부과, 치과, 한의원 등 병원의 서비스에 따라 실적이 크게 달라질 수 있는 과 위주로 방문을 한다. 이 병원들 중 정신과는 환자와의 상담이 주로 이루어지다 보니 더욱 환자와 공감대를 잘 형성할 수 있도록 자기점검을 하려는 의사 선생님들이 많다.

새해가 되면 대기업 CEO들이 방송을 통해 신년사를 말하게 되는 경우가 있다. 이때 그냥 신년사를 말하는 대신 기업의 홍보 담당자들이 인터뷰 형식으로 동영상 촬영을 하기도 한다. 또 공무원들이 기자회견을 통해 공적인 업무에 관한 뉴스를 전달하기도 한다. 이렇듯 우리 주변에는 다양한 사람들이 다양한 방식으로 인터뷰를 진행한다. 미디어 노출이 흔해진 것이다. 그렇다면 어떻게 해야 효율적으로 인터뷰가 진행될 수 있을까?

각 매체의 특성부터 잘 이해하라

인터뷰를 잘하려면 TV와 라디오라는 매체의 특성부터 이해하는 것이 중요하다. 인터뷰 가운데 가장 어려운 것이 바로 스팟(Spot)이다. 이 스팟은 굉장히 짧은 멘트를 말하는데, TV뉴스의 경우 1분 30초 뉴스에 인터뷰이가 실제로 이야기할 수 있는 시간은 5초에서 15초 정도밖에 되지 않는다. 그래서 TV뉴스 기자가 나와 인터뷰할 때는 핵심 내용만 뽑아 전달해야 한다.

이를 위해서는 '사전준비'가 반드시 필요하다. 먼저 인터뷰어, 즉 기자의 취지부터 살펴보는 것이 중요하다. 예를 들어 "취업을 준비하기 위해 성형외과를 찾는 취업 준비생들이 많아졌다."라는 제목의 뉴스를 준비한다면 기자는 성형외과 원장을 찾아가 전문가의 의견을 듣고 싶어할 것이다. 그런데 성형외과 원장이 너무 많은 말을 한다면 다시는 그 원장을 찾아가지 않을 수 있다. 이때는 "요즘에는 단순히 아름다워지는 것이 아니라 취업이라는 분명한 목적을 갖고 병원에 오는 경우가 예전에 비해 30% 이상 늘었습니다."라고 대답해주는 쪽이 좋다. 이렇게 기자가 원하는 답변을 미리 준비해서 임팩트 있게 말해주는 것이 중요하다.

TV와 달리 라디오는 짧으면 5분에서 10분 정도 인터뷰를 하는 게 보통이다. 라디오 인터뷰의 경우 얼떨결에 진행자의 의도에 말려서 하지 말아야 하는 말을 내뱉는 경우를 종종 볼 수 있다. 그러므로 인터뷰를 하는 사람은 반드시 5개에서 7개 정도의 질문지를 미리 요청해 받은 다음, 어떤 내용으로 답할지 정해놓는 것이 중요하다. 또한 이때 답변의 길이는 5~6줄 정도로 정리하는 것이 좋다. 라디오 인터뷰는 준비한 원고를 그냥 읽기보다는 키워드를 먼저 머릿속에 생각한 다음, 라디오 진행자의 멘트에 따라 순발력 있게 답변해야 한다.

■ ■ ■ 인터뷰어인 기자의 의도를 미리 파악하라

인터뷰를 할 때 주의해야 할 두 번째 사항은 인터뷰어인 기자의 의도를 미리 파악해야 한다는 것이다. 인터뷰어가 어떤 의도로 인터뷰를 하는지 알지 못하면 낭패를 본다.

예전에 MBC 기자로부터 인터뷰 요청을 받은 적이 있다. 내용의 취지를 알아보니 '취업 면접 아카데미가 늘고 있다.'라는 내용으로 보도를 하려고 하는데 인터뷰를 부탁한다는 것이었다. 그래서 흔쾌히 약속을 정해 인터뷰를 했다. 하지만 뉴스가 나오던 날, 황당하지 않을 수 없었다. 뉴스 꼭지의 제목이 바로 '취업 사교육 열풍, 면접도 사교육 시대.'이지 않은가? 이렇듯 인터뷰를 하기 전에는 인터뷰어가 어떤 의도로 인터뷰를 활용할 것인지 미리 꼭 확인하는 것이 중요하다. 기자 같은 인터뷰어들은 자신이 듣고자 하는 대답을 미리 정해 인터뷰를 요청한 뒤, 그 부분만 편집해 기사나 뉴스에 인용하는 경우가 많으니 항상 주의해야 한다.

일단 인터뷰어인 기자의 의도가 선의라면 최대한 기자가 생각하는 답을 유추해 말하는 경우가 보통이다. 예를 들어 기자가 "스피치 교육이 중요하다고 생각하십니까?"라고 질문했다고 하자. 그렇다면 "아니요. 그렇게 중요하지는 않아요."라고 말하기보다는 "스피치 교육, 정말 중요합니다. 사실 말을 할 때 성의 있게 하지 않아도 상대방에게 내 말이 들리긴 하겠죠. 하지만 잘 들리지는 않게 됩니다. 스피치 교육은 상대방에게 내 말이 잘 들리도록, 이해되도록 말하는 데 큰 도움을 줍니다."라고 말해야 하는 것이다. 물론 기자의 의도와 내 의견이 상반되는데 굳이 기자의 말이 맞다고 할 필요는 없다. 처음부터 의도가 맞지 않았다면 그 기자는 나를 찾아오지 않았을 것이라는 것을 명심하자.

운동선수들 가운데 인터뷰를 가장 잘하는 사람을 꼽으라면 이영표 선수다. 이영표 선수는 중앙일보와의 인터뷰에서 제2의 이영표를 꿈꾸는 유소년들에게 한마디 해달라고 하자 "열심히 하라."는 간단한 대답을 했다. 하지만 곧 "어떤 사람은 1시간을 한 뒤에도 열심히 했다고 생각한다. 내가 말하는 건 우리 학교에서, 서울에서, 한국에서, 아시아에서, 세계에서 나보다 열심히 하는 사람이 없다는 느낌이 들 정도로 열심히 하라는 말이다."라고 덧붙였다. 이것은 인터뷰어인 기자의 의도를 정확히 알아맞힌 대답이었다.

■ ■ ■ 과격한 답변은 피해야 한다

　　　인터뷰할 때 과격한 답변은 삼가는 것이 중요하다. 예전 위생을 담당하는 공무원이 기자와 인터뷰를 한 영상이 뉴스에 보도된 적이 있다. "이러면 공무원 못 해먹어요. 더러워서 정말 공무원 못 해먹겠네."라는 말이 그대로 보도가 되면서 사람들이 "어떻게 공무원이 이런 말을 할 수 있냐."라며 논란이 되었다.

　방송 용어 중 오프 더 레코드(Off the record)라는 말이 있다. 인터뷰했을 때 기록에 남기지 않는 비공식 발언을 말한다. 소규모 집회나 인터뷰에서 뉴스 자료를 제공하는 사람이 오프 더 레코드를 요구하는 경우, 기자는 그것을 공표하지 않겠다고 약속하거나 취재를 유보해야 한다. 하지만 비(非)보도를 전제로 한 발언이 신문지상에 인용되거나 발표되어 논란을 빚는 경우를 종종 볼 수 있다. 언제 어디서든 기자가 있는 공간에서는 항상 말조심을 하는 것이 중요하다.

　보통 정치인들이 실수할 때는 공식적인 자리보다 비공식적인 자리, 즉 기자들과 동석한 술자리나 식사를 하는 자리다. 마이크가 없다는 사실에 안심하고 홧김에 내뱉은 말들이 폭탄발언이 되어 부메랑처럼 돌아오는 것이다.

　예전에 모 협회의 회장이 남북 이산가족 상봉에서 성적인 건배사인 "오바마(오빠, 바라만 보지 말고 마음대로 해)"를 외쳐 끝내 자리에서 물러난 적이 있었다. 또 어느 당 대표는 "여자는 자연산이어야 한다."라는 발언을 해 크게 구설수에 오른 적도 있었다. "말 한마디로 천 냥 빚을 갚는다."라고 했다. 그런데 이런 경우는 '말 한마디로 억만금의 빚을 진' 케이스라 할 수 있겠다.

인터뷰하는 기자가 평소 친분이 있고 솔직하게 말해도 된다고 말해도, 거기에 넘어가 그대로 모든 것을 보여줘서는 안 된다. 내가 의도한 바와 다르게 인터뷰 내용이 전달되어 궁지에 몰릴 수도 있다.

또 답변할 때 단답형으로 대답하지 않도록 주의해야 한다. 만약 기자가 "왜 여름철보다 가을철에 식중독이 더 자주 발생하는 겁니까?"라고 묻는데 "주의를 하지 않아서 그렇죠."라고 단답형으로 말하면, 인터뷰는 도저히 활용할 수 없다. 이런 경우에는 "네, 여름철보다 겨울철에 식중독이 더 발생하는 이유는 오히려 기온이 선선해지면서 '괜찮겠지?'라는 생각을 하게 되기 때문입니다. 음식은 상온에 두면 쉽게 상합니다. '괜찮겠지?' 하다가는 식중독에 걸릴 위험이 3배 이상 커집니다."라고 말해야 하는 것이다.

이렇게 대답할 때 기자가 한 질문을 답변에 포함하는 것 또한 중요하다. 기자가 하는 질문은 편집되어 나오지 않기 때문에 어떤 질문을 했는지 내 답변에 넣어줘야 쉽게 기자의 의도와 내 답변이 무엇인지 전달할 수 있다.

■ ■ ■ 인터뷰를 거절하는 것도 신경 써야 한다

사실 인터뷰의 유무는 그렇게 중요하지 않다. 이것보다는 그 인터뷰를 거절하는 방법이 세련되느냐 그렇지 않느냐의 문제가 더 중요하다. 미디어에게 인터뷰 요청을 받았다면 일단 인터뷰 내용을 파악하고, 만약 기사화가 될 경우 나 또는 우리 기업에 어떤 영향을 끼칠지 살펴봐야 한다. 이렇게 검토해본 뒤 인터뷰가 곤란한 경우에는 거절하는 이유를 준비해야 한다. 하지만 이때 거절하는 이유가 적대감이나 대결 구도이면 안 된다. 인터뷰 요청을 한 기자가 납득할 만한 거절 이유를 확실하게 밝히고, 그것을 공개할 수 있는 최소한의 예의를 보여주는 것이 좋다.

인터뷰를 거절하는 방법은 여러 가지가 있을 것이다. 우선 첫 번째 방법은 '상대방에게 자신의 상황을 전달하기'다. 거절할 때 딱 잘라 거절을 표시하기보다는 왜 자신이 거절할 수밖에 없는지 상황 설명을 충분히 하는 것이다. 이때 '인간애에 대한 호소'도 하나의 방법이 될 수 있다. 인터뷰를 할 수 없는 자신의 상황을 설명하며 기자의 감성에 호소하는 것이다.

인터뷰를 거절하는 두 번째 방법은 '애매한 답변 피하기'다. 거절할 때 "인터뷰를 할 시간은 있긴 한데, 제가 잘할 수 있을지 고민이 되네요."라고 하기보다는 "죄송합니다. 제가 이 인터뷰를 하기에는 능력이 많이 부족합니다."라고 솔직하고 담백하게 말하는 것이 중요하다. 처음에는 거절인지 승낙인지 애매하게 말하고서 나중에는 못 하겠다고 발을 빼기보다는 처음부터 정확하게 말해주는 것이 좋다. 하지만 이때 중요한 것은 인터뷰어를 배려한 거절이어야지 직선적으로 "노(NO)!"를 외쳐서는 안 된다는 것을 잊지 말자.

또한 거절할 때 인터뷰어를 너무 무시하지 않는 선에서 "노!"를 외쳐야 하는 것도 중요하다. 일전에 한 축구선수가 스포츠 기자들에게 인터뷰를 하지 않아 뭇매를 맞은 것도 인터뷰 요청을 일방적으로 거절했기 때문에 발생한 일이었다. 물론 모든 인터뷰어에게 인터뷰를 의무적으로 승낙해야 하는 것은 아니다. 하지만 모두 사람이 하는 일 아닌가? 서로 마음을 상하게 하지 않는 선에서 거절하는 것이 중요하다.

■ ■ ■

방송용어 중 리액션 숏(Reaction shot)이라는 용어가 있다. 패널이 말할 때 상대 패널이나 방청객의 표정을 잡는 것을 말한다. 그래서 방송 카메라에 불이 들어왔을 때 나를 비추지 않는다고 생각해 방심하게 되면, 혹여 내가 상대방을 비웃거나 무시하는 표정이 그대로 화면에 나갈 수 있다. 항상 방송 중에는 처음부터 끝까지 긴장을 유지하며 표정 관리를 하는 것이 중요하다.

우리는 현재 자기PR 시대에 살고 있다. 예전에는 매스미디어가 주 홍보 수단이었다면 이제는 SNS의 등장으로 큰 돈을 들이지 않고도 나를 홍보할 수 있는 개인 미디어 시대인 것이다. 인스타그램이나 페이스북에 글을 올리고, 개인 방송을 찍어 유튜브에 올려 나 자신을 PR할 수 있는 시대가 온 것이다.

방송인은 아니지만 방송인과 같은 미디어 트레이닝이 필요한 요즘, 언제 어디서 닥칠지 모를 인터뷰에 대해 미리 준비해놓는 것이 중요하다. 방송 인터뷰를 하기 전에 미리 리허설을 하는 것 또한 중요하다. "경험만큼 좋은 스승은 없다."라는 말도 있지 않은가. 인터뷰를 하기 전 역할 연습을 통해 제대로 인터뷰를 해보자.

 체크 포인트

- 미디어 스피치를 할 방송 매체의 성향을 파악하라. 그것이 시작이다.
- 기자에게 '오프 더 레코더'를 요구했다 하더라도 과격한 답변과 비(非)방송용 멘트는 조심해야 한다.
- 인터뷰를 세련되게 거절할 줄도 알아야 한다.

부록

- 건배사 원고
- 자기소개 원고
- 행사 진행 원고
- 목소리 평가표
- 보디랭귀지 평가표
- 스피치 평가표

건배사 원고

T(Thank you): 고마움부터 표시하기

E(Episode): 에피소드를 넣기

C(Cheers): 힘차게 선창을 하고 후창을 하라

■ ■ ■ **자기소개 원고**

P(Positioning): 내가 일하는 회사와 업무에 대한 소개

E(Episode): 에피소드를 활용하기

R(Resolution): 다시 한번 결의를 다지기

■ ■ ■ 행사 진행 원고

행사명:
Opening: 관심
Body: 내용
Closing: 감동

목소리 평가표

구분	내용	아니다	보통이다	그렇다
발음	입 모양을 정확히 벌려 모음을 발음하는가?	1	2	3
	혀가 제대로 음가를 찍어주는가?	1	2	3
	첫음절에 강한 악센트를 주었는가?	1	2	3
	발음이 정확히 전달되는가?	1	2	3
발성	말을 할 때 에너지를 힘껏 내는가?	1	2	3
	소리가 멀리까지 전달되는가?	1	2	3
	입안을 동그랗게 만들어 주었는가?	1	2	3
리듬 스피치	말에 신뢰감 있는 리듬감이 들어 있는가?	1	2	3
	스타카토 스피치(어미 자르기)를 했는가?	1	2	3
호흡	말이 웅성거리지 않고 동그란가?	1	2	3
	컨디션이 좋다고 느껴지는가?	1	2	3
	호감 가는 목소리를 갖고 있는가?	1	2	3
	말의 피드가 적당한가?	1	2	3
	목소리에서 긍정적인 에너지가 나오는가?	1	2	3
	목소리가 안정되고 차분한가?	1	2	3
	목소리에 강약을 넣어 말하는가?	1	2	3
총점	총 16개의 문항(48점 만점)			

평가	· 40~48점: 최우수 · 30~39점: 우수 · 20~29점: 노력 필요 ·0~9점: 개선 필요

■ ■ ■ **보디랭귀지 평가표**

구분	내용	아니다	보통이다	그렇다
표정	전반적으로 컨디션이 좋아 보이는가?	1	2	3
	스피치에 대한 열정이 보이는가?	1	2	3
	말하는 내용에 따라 표정이 바뀌는가?	1	2	3
	여유 있고 밝은 느낌인가?	1	2	3
자세	인사하는 자세는 정중했는가?	1	2	3
	서 있는 자세의 중심이 앞을 향했는가?	1	2	3
	말하는 자세가 삐뚤지 않고 바른가?	1	2	3
제스처	강의를 시작함과 동시에 손 제스처를 하는가?	1	2	3
	손의 제스처가 반복되지 않고 다양한가?	1	2	3
	포인터를 잡는 손 제스처가 훌륭한가?	1	2	3
	말의 내용을 손 제스처가 잘 반영하는가?	1	2	3
	습관적으로 머리와 얼굴을 만지지 않는가?	1	2	3
	발을 너무 벌리지 않고 모은 상태를 유지하는가?	1	2	3
	한곳에 머무르지 않고 옮겨 다니는가?	1	2	3
	발 제스처에 힘과 유연함이 느껴지는가?	1	2	3
	쓸데없는 손·발 제스처가 없는가?	1	2	3
총점	총 16개의 문항(48점 만점)			

평가	· 40~48점: 최우수	· 30~39점: 우수
	· 20~29점: 노력 필요	· 0~9점: 개선 필요

■ ■ ■　스피치 평가표

구분	내용	아니다	보통이다	그렇다
서론(관심)	청중의 관심을 끌었는가?	1	2	3
	IPP 법칙을 지켰는가?	1	2	3
	주제와 연관된 에피소드를 넣었는가?	1	2	3
	연사의 공신력을 보여줬는가?	1	2	3
본문(내용)	주장 폴더화를 시켰는가?	1	2	3
	다양한 에피소드(근거)가 있는가?	1	2	3
	에피소드가 흥미로웠는가?	1	2	3
결론(감동)	논점을 분명히 요약했는가?	1	2	3
	감동(각인) 클로징을 했는가?	1	2	3
언어적 · 비언어적 측면	(진심과 열정을 담은) 공명 목소리였는가?	1	2	3
	목소리의 속도와 크기는 적절했는가?	1	2	3
	발음은 정확했는가?	1	2	3
	자신의 목소리를 들으면서 이야기했는가?	1	2	3
	정확하고 올바른 어휘를 사용했는가?	1	2	3
	말이 간결했는가?	1	2	3
	제스처가 품위 있었는가?	1	2	3
	습관적인 몸의 움직임은 없었는가?	1	2	3
	표정이 밝고 자신감이 있었는가?	1	2	3
	눈빛은 살아 있었는가?	1	2	3
	아이 콘택트를 확실히 했는가?	1	2	3
	안정적인 자세를 취했는가?	1	2	3
전반적인 평가	(정보전달 · 설득) 스피치 취지에 합당했는가?	1	2	3
총점	총 22개의 문항(66점 만점)			

· 51~66점: 최우수　　· 34~50점: 우수　　· 17~33점: 노력 필요　　· 0~16점: 개선 필요

회사에서 인정받는 말하기 수업

초판 1쇄 발행 2013년 1월 7일
개정 1판 1쇄 발행 2022년 10월 1일

지은이 | 임유정
펴낸곳 | 원앤원북스
펴낸이 | 오운영
경영총괄 | 박종명
편집 | 최윤정 김형욱 이광민 양희준
디자인 | 윤지예 이영재
마케팅 | 문준영 이지은 박미애
등록번호 | 제2018-000146호(2018년 1월 23일)
주소 | 04091 서울시 마포구 토정로 222 한국출판콘텐츠센터 319호(신수동)
전화 | (02)719-7735   팩스 | (02)719-7736
이메일 | onobooks2018@naver.com   블로그 | blog.naver.com/onobooks2018
값 | 16,500원
ISBN 979-11-7043-345-3 03320